Endlich Führerschein!

Von Rudolf Peil

mit Zeichnungen von Ralf Stumpp

TOMUS

ISBN 3-8231-0895-6

www.tomus.de

Inhalt

Hubertus Kröpf. Vor dem Führerschein

„Also eins verstehe ich beim besten Willen nicht: Wie kann einer, der eine BO 105 fliegt, zum elften Mal durch die Führerscheinprüfung fallen?“

Oberleutnant Hartkopf, Leiter der Fahrschule in der Hanseaten-Kaserne, schob sich einen weiteren Löffel Erbseneintopf rein. Sein Gesicht verzog sich: „Iii … neee …“

„Schmeckt dir der Eintopf nicht, Georg?“

„Dir etwa?“

„Nein“, sagte ich. „Aber du weißt doch: bei der Bundeswehr isst man, um zu überleben und nicht um der Küche einen Platz im Guide Michelin zuzuweisen.“

Georg Hartkopf griff nach einer Maggi-Flasche.

„Von mir bekäme die Küche hier auch keinen … da kannste Gift drauf nehmen.“

Dann kippte er so viel Maggi in den Eintopf, dass sich das Ganze braun verfärbte.

„Also, um noch mal auf diesen Kröpf zurückzukommen: Der Typ fliegt nicht nur Hubschrauber, nee, der hat sogar studiert. Kannste dir gar nicht vorstellen, Mann, aber der ist Diplom-Wirtschaftswissenschaftler! Das setzt doch eine gewisse Mindestintelligenz voraus, oder nicht?“

Ich grübelte und aß den letzten der drei Löffel Eintopf. Diät ist Diät. Na ja, vielleicht würde ich noch mit einem Pudding sündigen. Am Pudding konnte auch die Bundeswehrküche nichts falsch machen.

„Ich weiß nicht, Georg. Vielleicht sollten wir das alles nicht so überbewerten. Ich meine, wer sagt denn, dass der bestandene Führerschein unbedingt, äh, ich meine, vielleicht sind das eben eher praktische Fähigkeiten oder so.“

Fahrlehrer Hartkopfs Miene hellte merklich auf.

„Hm ... hmmm ... du, mit Maggi geht’s echt ...“ Er kaute auf den Erbsen mit Würstchenstücken.

„Ich sag’s dir, Rudi, dieser Kröpf, der Typ bringt mich noch an den Rand des Nervenzusammenbruchs. Wenn das auch bis jetzt schon viele versucht haben, ich weiß es: der Typ schafft’s.“

Der Pudding schmeckte hervorragend (nachdem ich ihn – trotz Diät – mit einem Schuss Sherry veredelt hatte).

„Kopf hoch, Georg! Einen Kerl wie dich kann nichts umhauen, was von dieser Welt ist.“

Ob Hubertus Kröpf wirklich von dieser Welt ist, habe ich nie überprüft, aber heute kann ich sagen: für ausgeschlossen, dass er von einer anderen ist, halte ich es nicht.

Es war Abend, später September, und die Hanseatenkaserne hatte sich weitgehend geleert.

Im Kasino war niemand, den ich kannte, lediglich ein etwas dicklicher Typ in Zivil mit messerscharf kurzgeschnittenen Haaren, Kartoffelgesicht und Segelohren hing einsam an der Bar, vor sich ein braunes Getränk (was sich später als Cuba libre herausstellte) und einem aufgeschlagenen Buch. Auf dem Rücken des Umschlags erkannte ich den Titel. Jean Paul Sartre: „die Fliegen".

„Guten Abend, dürfte ich mich zu Ihnen setzen?"

Er zog seine Nickelbrille einen Zentimeter nach unten, und murmelte ein: „Na klar doch …"

Ich mixte mangels Kellnern im Do-it-yourself-Verfahren einen Wodka-Orange zusammen (hinter der Bartheke stand ein riesiger amerikanischer Kühlschrank, der alles enthielt, was einen Ernest Hemingway glücklich gemacht hätte) und prostete meinem Gegenüber zu.

„Cheers, wie darf ich Sie anreden?"

Er stieß mit mir an, den Ellbogen auf dem aufgeschlagenen Buch aufgestützt.

„Kröpf."

Im gleichen Augenblick stand er auf, nahm die Hacken zusammen, die linke Hand an die Brust.

„Hubertus Kröpf. Mögen Sie Sartre?"

Wir tranken.

In den darauffolgenden drei Stunden hielt mir Hubertus Kröpf einen vorlesungsreifen Vortrag über die Existenzphilosophie Sartres, über ihren Niederschlag im Werk des Autors Albert Camus und die Auswirkungen auf die Neuzeit. Ich hörte sprachlos zu.

„Aber da ist ein ganz anderes Problem, was sich nicht so ohne Weiteres lösen lässt."

„Das wäre?"

„Ich habe noch immer keinen Führerschein."

„Ich weiß", wollte ich schon sagen, verkniff es mir aber. Statt dessen fragte ich: „Wie das?"

Er kraulte sein glatt rasiertes Kinn. „Weiß ich selber nicht. Ist halt immer wieder vergessen worden."

Ich mixte uns ein paar Piña Coladas.

„Aber so schwer kann das doch gar nicht sein, ich meine, na ja, Sie fliegen doch immerhin Hubschrauber, also ..."

„DAS IST ES JA!"

Ich gab den halbfertigen Cocktail in einen Mixer und schüttelte das Ganze kräftig.

„DA OBEN GIBT ES KEINE AMPELN ..."

Ich wählte zwei noch unbenutzte Gläser, goss sie voll und steckte Strohhalme rein.

„... UND KEINE ABBIEGEREGELN."

Der Karibikdrink war genau das Richtige für das Du-Angebot.

„Nenne mich ab heute Rudi."

Er stand wieder auf, salutierte und hob sein Glas.

„Und ich bin Hubi."

Wow, dachte ich. Was eine Kombination. Hubi und Rudi.

„Ach, ja, wenn ich hier mal fertig bin mit dem Führerschein, dann lade ich dich mal ganz cool ein zu einem Hubschrauberrundflug. Und ich zeige dir meine Arbeiten zum Nihilismus. Habe da schon jede Menge geschrieben."

Es war Mittagszeit und das Kasino war bereits halbgefüllt.

Oberleutnant Hartkopf schälte einen Apfel.

„Ob du es glaubst oder nicht, ich hab ihm den Führerschein anerkannt.“

„Nein!“

„Und ob. Aber, das sag ich dir, nicht weil der verkehrstauglich ist.“

„Sondern?“

„WEIL ICH KEINEN BOCK MEHR HABE.“

Er hatte den Apfel vollständig entpellt und begann ihn in Viertel zu zerteilen. Ich selbst ersparte mir den Stil-Firlefanz und biss stattdessen herzhaft in den ganzen (ungeschälten) Apfel hinein, nicht ohne Geräuschentwicklung und ohne betretene Gesichter an den Nachbartischen zu erzeugen.

„Wie hast du's gemacht?“

Fahrlehrer Hartkopf war mit Hubi die simpelste Runde gefahren, die jemals irgendein Fahrschüler gefahren war. Lediglich zweihundert Meter durch die Stadt, an Karstadt vorbei, zum Friedhof, wenden in drei (bei Hubi: fünf) Zügen, rückwärts einparken und am Hang parken.

„Und das hat Hubertus Kröpf alles hingekriegt?“

Fahrlehrer Hartkopf grinste ironisch. „So in etwa.“

„Und dann?“

Er blickte sich um, als würde er befürchten, von irgendwelchen KGB-Spionen belauscht zu werden. „Und dann habe ich ihm Folgendes gesagt: ‚Also‘, habe ich gesagt, ‚ich gebe Ihnen heute den Führerschein. Ja, ich tue es. Aber ich tue es nur unter zwei Bedingungen. Erstens geben Sie mir Ihr Ehrenwort, dass Sie niemandem, aber auch wirklich niemandem, erzählen, dass Sie den Lappen von MIR haben. Und zweitens, zweitens fahren wir jetzt zu Karstadt zurück, und dann geben Sie dem alten Mütterchen die Handtasche wieder.‘"

„Was für eine Handtasche?!"

Georg Hartkopf seufzte, als würde er alle Last der Welt auf seinen Schulter tragen.

„Die Handtasche, die am rechten Außenspiegel hing."

„Wie kommt denn da eine Handtasche hin?"

„Ganz einfach. Die kommt dahin, wenn man in Nähe der Zebrastreifen zu dicht am Bordsteig vorbeifährt und da ein Mütterchen mit der Handtasche winkt, weil sie grün hat – UND DER FAHRER DES KFZs MIT DEM HERAUSRAGENDEN RECHTEN AUSSENSPIEGEL TROTZDEM FÄHRT, OBWOHL ER ROT HAT!!"

„Oh, Mann!"

Georg Hartkopf kaute sein drittes Apfelviertel zu Ende und blickte mich aus glasigen, fast weinerlichen Augen an.

„Ich kann nicht mehr – und ich will nicht mehr. Ab heute suche ich mir einen neuen Job. So wahr ich hier sitze … Der Typ hat mich auf dem Gewissen."

Unter uns, nur so nebenbei, gekündigt hat er natürlich nicht. Wie immer.

FAHRSCHULE

Das Geschenk

Zur bestandenen Führerscheinprüfung gaben die Pittermanns eine Party, die sich gewaschen hatte. Einhundertzwanzig geladene Gäste erschienen im feinsten Zwirn, labten sich an dem ausgefallenen Buffet und tranken Champagner, eisgekühlt, versteht sich.

Inmitten des Trubels stand Uwe Pittermann, glücklicher Führerschein-Neuerwerber, mit seinen knapp neunzehn Jahren und schwitzte in der Julisonne. Um ihn herum drapierten sich seine Schulfreunde sowie einige Mädchen aus dem Tennisklub, dem er und seine Eltern seit geraumer Zeit angehörten. Es wurde heftig geflirtet und genauso spekuliert, welches Auto denn Uwe von seinem Vater, einem der erfolgreichsten Immobilienprojektentwicklern der Stadt, zu der bestandenen Prüfung geschenkt bekäme. Also, dass er eins bekäme (und zwar flammneu, sportlich und nobel) schien ohnehin sicher. Ein Olaf Pittermann ließ sich schließlich nicht lumpen. Mit einem Jahresgewinn von 12,5 Millionen Euro war die Pittermann GmbH ein Unternehmen, dass „kleine" Geschenke mit der Portokasse finanzieren konnte.

„Ich wette, er kriegt einen Z 8. Das passt zu denen“, sagte Nina Elvers zu ihrer Freundin.

„Wow. Dann darf der Schnuckel-Uwe uns auch mal zum Segeln mitnehmen, was?“

Beide kicherten.

Gegen 14.00 Uhr hatten einige der Gäste bereits einen kleinen Schwipps, tanzten entsprechend ausgelassen zu den Klängen der Calypso-Band und hatten bereits unzählige Wetten abgeschlossen, welches Prachtauto denn demnächst durch Grafenberg flitzen würde – und welche der anwesenden jungen Damen ... nun ja ...

Währenddessen stolzierte Olaf Pittermann, der von Tanzen nichts hielt („Viel zu heiß, heute ...“) durch die Reihen, talkte mal hier, mal da, und genoss es in vollen Zügen, den üppigen Reichtum des Pittermannschen Anwesens zu präsentieren. Mit 55 Jahren hatte er seine Schäfchen im Trockenen, wie man so schön sagt. Man genießt dann das, was man sich erarbeitet hat. Während er sich kurzfristig von einer Vierergruppe (Bürgermeister, Gattin des Bürgermeisters, Ministerialdirigent Hubrach nebst Freundin) verabschiedete, fiel sein Blick auf den kiesbestreuten Hof seines Anwesens, wo sein Jaguar, Baujahr 1967, rot in der Sonne glänzte. Eins der schönsten Autos, die je gebaut wurden, dachte er, damals sündhaft teuer, heute – als Oldtimer – noch teurer, mein Gott. Seine Augen folgten dem eleganten Design der länglichen Kühlerhaube. Seit 1967 fuhr er den Wagen – ausschließlich. Und wenn er ihn einmal nicht fuhr und auf einen der Firmenwagen ausweichen musste, ließ er sich fahren. Mein Gott, du süßes Jaguarbaby, dachte er, niemandem war ich treuer als dir. Dann lächelte er wohlwissend in seinen Kinnbart.

Punkt 16.00 Uhr spielte die Kapelle einen Tusch, und Bürgermeister Kapellkupp bestieg gewandt die Bühne, auf der vorher eine weich gespülte Bob-Marley-Version Reggae-Songs geträllert hatte.

„Verehrte Gäste!"

Gleichzeitig kamen vier Hausangestellte auf die Gästeschar zugeschritten, die ein riesiges weißes Laken ausgebreitet wie eine Leinwand vor sich trugen. Dahinter hörte man Motorengeräusche. Offensichtlich rollte Uwe Pittermanns Geschenk an.

Bürgermeister Kappellkupp wartete, bis das Ensemble vor der Bühne angekommen war.

„Lieber Uwe! Bevor ich eine lange Rede halte, die jetzt eh keiner hören will, haha, möchte ich dir ..."

Uwe Pittermann bebte vor Spannung. Er zitterte trotz fünfundzwanzig Grad Celsius wie Espenlaub.

„... recht herzlich zum Führerschein gratulieren. Mit mir gratuliert ganz Grafenberg!"

Hektisches Klatschen setzte ein. Darunter begeisterte Pfiffe und Rufe. „Uwe! Uwe! Uwe!"

„... und deshalb ist es mir heute auch eine ganz besondere Ehre ..."

Olaf Pittermann gab den Bediensteten, die das Laken hielten, einen Wink.

„ ... dir, lieber Uwe ..."

Ein schriller Schrei. Die Leinwand war gefallen und Bürgermeister Kappellkupp augenblicklich vergessen. Eine der Damen fiel in Ohnmacht.

Es war blau und glänzte. Die Armaturen aus edelstem Mahagoni.

Die Sitze ledern. Der Kühler länglich. Satte 350 PS.

„Wahnsinn", so entfuhr es Uwe Pittermann, „das ist cool."

„Megacool", bestätigten seine Freunde, die einen Aston Martin nur aus James-Bond Filmen kannten. „Das Teil ist voll fett, eh."

„Und schweineteuer", so Ministerialdirigent Hubrach. „Mein Gott! Was ein Wagen!"

Einige der Gäste gratulierten Uwe mit Handschlag. Uwes Mutter, Gertrud Pittermann, nahm ihren Sohn in den Arm.

„Und fahr bloß vorsichtig damit. Das Ding ist eine Rakete auf vier Rädern."

Uwes Knie zitterten. Dann traf sein Blick die grünen Augen seines Vaters.

„Na, Uwe, ist das okay?"

Uwe nickte hektisch. „Oh ja, das ist voll okay, wow, ich weiß gar nicht wie ..."

Olaf Pittermann grinste breit. „Brauchste auch nicht. Wir sind quitt, wenn ich die erste Fahrt machen darf."

„Klar, Mann."

Eine der Bediensteten startete den Motor.

„Hör mal, wie es schnurrt", flüsterte Nina Elvers. „Wie ein kleines Kätzchen ..."

STOMPP

Ihre Freundin Eva imitierte mit der rechten eine Raubtierkralle. „Ob Uwe auch so schnurrt …? Was meinst du?“

Nina knuffte Eva in die Seite: „Das werden wir beide doch wohl rauskriegen, oder?“

Beide kicherten siegessicher.

Olaf Pittermann stieg ein, legte den Gurt an, schaltete und gab sanft Gas. Sofort spürte er das Feuer der Maschine und die gewaltige Kraft der acht Zylinder, als würde er von unsichtbaren Fäusten in die Polster gedrückt. „Du wildes Tier, du, jetzt zeig mir mal, was du drauf hast.“

Olaf Pittermann fuhr langsam an den Spalier stehenden Gästen vorbei, Richtung Gartentor.

Wenige Sekunden später bog er in den Straßenverkehr ein und beschleunigte.

Die Maschine lief präzise wie ein Uhrwerk. Und leise. Selbst im höheren Drehzahlbereich lief der Motor mit einer sagenhaften Sanftheit.

Olaf Pittermann kuschelte sich in das Leder, schaltete das Radio ein und umhüllte sich mit Vivaldis „Vier Jahreszeiten“. Aus sechs Boxen klangen die barocken Instrumente.

Der Immobilientycoon fühlte sich 40 Jahre in die Vergangenheit zurückversetzt. Mann, jetzt noch mal jung sein, das wär’s. Er summte Vivaldi mit (soweit es eben ging) und gönnte sich ein paar Autobahnkilometer mit 220 km/h.

Kurz nachdem er sich entschlossen hatte, den Rückweg anzutreten, erschreckte er sich heftig. Die Tankanzeige blinkte hektisch.

„Mist!“

Doch das Tankstellennetz im Großraum Düsseldorf ist dicht, und Pittermann wurde noch 15 Kilometer vor Game-Over fündig.

Er rollte aus, stellte den Motor ab und tankte voll.

Dann, der Tankwart hatte ihm bereits gute Weiterfahrt gewünscht, stieg er wieder ein, gurtete sich an und drehte den Zündschlüssel.

Nichts tat sich.

Er drehte den Schlüssel gegen den Uhrzeigersinn bis zum Anschlag zurück und drehte ihn nochmals nach rechts.

Nichts tat sich.

„So eine verfluchte ...“

Olaf Pittermann stieg aus, zog ein Handy aus der Jackentasche und drückte hektisch ein paar Ziffern. Er war mittlerweile blaurot angelaufen.

„Pittermann hier. Jetzt hört mal gut zu, ihr Pfeifen! Wenn ihr nicht in der Lage seid, Autos zu bauen, die fahren, WENN MAN SIE FAHREN WILL, dann backt in Zukunft Brötchen!! Und wenn ihr das auch nicht könnt, das garantiere ich euch Flachpfeifen, dann macht irgendwas anderes, ABER BAUT BLOSS KEINE AUTOS MEHR!! Und das sage ich euch auch, so wahr ich hier an einer Sch...- Tankstelle stehe und nicht losfahren kann, DAS HAT EIN NACHSPIEL!! UND ICH WILL JETZT SOFORT DEN CHEF VON EUREM BESCH... SAFTLADEN!! MARSCH!! MARSCH!! IHR ERBÄRMLICHEN, UNFÄHIGEN, ARMSELIGEN ...“

...

„DAS HABE ICH NICHT NÖTIG!! NEIN, ICH NIIIICHT!!! IHR KANAILLEN!!!“

...

„ICH VERKLAGE EUCH!! ICH ZIEHE EUCH DIE HOSEN AUS!!!!“

...

„Äh ... äh was? ...“

...

„ICH FAHRE EINEN WAGEN VON 1967, OKAY?“

...

Olaf Pittermann stieg in den Wagen, das Handy am linken Ohr.

„Wo soll denn der Knopf sein, eh? ... Aah ...“

Eine Sekunde später startete der Aston Martin mit dem bekannten Schnurrgeräusch.

„Äh ... äh ... Wie nennt sich das noch mal? ... Ah ... Ahso ... Wegfahrsperre ... Ja, warum sagt ihr das denn nicht gleich?“

Und Olaf Pittermann war wieder annähernd glücklich. „Dämlicher Firlefanz, das ...“

Er gab Gas, blinkte rechts und war kurz vorm Einfädeln in den fließenden Verkehr, als er die junge Frau sah, die auf der gegenüberliegenden Straßenseite stand. Olaf Pittermann hielt an, stellte den Motor aus und stieg aus.

„Was eine Frau!“, sagte seine innere Stimme.

Er überquerte die Straße, während sie ihn beobachtete. Sie mochte um die zwanzig sein, schätzte Olaf Pittermann, und sie war eine der schönsten Frauen, die er je gesehen hatte. Groß, langes brünettes Haar, ovales Gesicht und Beine, die ihm förmlich den Atem nahmen. Sie trug ein hauchdünnes geblümtes Sommerkleid, das sich in der sanften Brise eng um ihren gertenschlanken Körper schmiegte. Olaf Pittermann atmete tief durch.

„Entschuldigen Sie!“

Die Augen der Frau waren grün. Magnetisch grün.

„Ja bitte?“

Olaf Pittermann, der ansonsten alles andere als schüchtern war und zu jeder Gelegenheit das passende Wort in Sekundenschnelle fand, errötete und rang nach Worten.

„Äh ... Ich habe Sie gesehen und ... äh ... mir gedacht ...“

Die junge Frau grinste ihn an.

„Gefalle ich Ihnen – ja?“

Dankbar, dass sie ihm verbal eine Brücke baute, atmete er hörbar auf.

„Ja.“

„Gehört Ihnen der scharfe Schlitten an der Tankstelle?“

Olaf Pittermann, dessen Fassung langsam wieder zurückkehrte, nickte.

„Sieht man hier selten, diese Kisten. Aber echt fett."

Fett? Wieder ein neuer In-Begriff?

„Möchten Sie vielleicht mal damit fahren?"

„Und ob! Allerdings nur als Beifahrerin. Ich habe noch keinen Führerschein."

„Na dann."

Olaf Pittermann war im siebten Himmel. Ein Aston Martin unter sich, und die Schnuckelbraut neben sich. Er fühlte sich dreißig Jahre jünger. Gleichzeitig wurde ihm klar, dass man ihn auf der Party zurückerwartete und er nicht mehr allzu viel Zeit hatte. Nun ja, man konnte sich ja verabreden.

Sie setzte sich auf den Beifahrersitz und streckte ihre Beine aus. Olaf Pittermann musste sich eisern beherrschen, nicht permanent auf die langen gebräunten Beine der Frau zu starren.

„Ich heiße Sabine – und du?"

Das nenne ich Offensive, ging es dem Immobilientycoon durch den Kopf. Die Süße duzt mich, bevor ich überhaupt auf die Idee komme, ihr sowas anzubieten. Mein lieber Schwan!

„Pittermann. Olaf."

Sabine räkelte sich lasziv auf dem beigefarbenen Lederpolster.

„Cooler Name …"

Olaf Pittermann stellte das Radio an, während sie mit

fünfzig über die Grafenberger Allee fuhren. Wenige Sekunden später hörten sie Frank Sinatra croonen. „Strangers in the night“

Sabine verzog das Gesicht.

„Hast du nichts anderes?“

„Magst du Sinatra nicht?“

„Weiß nicht so recht ... Mach doch lieber Einslive rein. Da musst du auf 106,7 gehen.“

Olaf Pittermann bewegte an dem Radio eine Cursortaste und stellte die Wellenlänge ein. Einen Augenblick später hörten sie Robbie Williams mit Nicole Kidman singen: „Something stupid like i love you.“

„Na, besser so?“

Sabine nickte begeistert, während Olaf Pittermann überlegte, warum eine Zwanzigjährige Swingschnulzen von Sinatra ablehnte, aber Vergleichbares von Robbie Williams mochte.

Was soll’s.

Dann fragte er sich noch ein paar andere Dinge. Was würde er sagen, wenn sie ihn fragte, ob er verheiratet sei, ob er Kind/Kinder habe? Sollte er ihr nur die Büronummer geben oder nur die Handynummer? Und überhaupt, ist sie nicht ein wenig deutlich zu jung, immerhin könnte er ja altersmäßig ihr Vater sein? Und was ist, wenn da wirklich was losgeht?

Viel Zeit für die Antworten hatte er nicht mehr. Sie bogen Richtung Pferderennbahn ab.

„In drei Monaten geht’s bei mir los mit Führerschein. Hab schon richtig Bammel vor.“

„Wieso?“
Sie setzte eine Sonnenbrille auf.
„Na ja … Die anderen, weißt du, die haben alle schon heimlich geübt, so auf Feldwegen, bevor es losging. Die konnten mehr oder weniger schon fahren. Ich dagegen hab nocht nicht mal ein Lenkrad in der Hand gehalten.“
Olaf Pittermann schmunzelte. Denn soeben hatte er auf eine der wichtigen Fragen an sich selbst eine Antwort.
„Wenn du möchtest … also … Wir könnten ja mal zusammen üben.“
Sabine riss ihren Kopf zu Pittermann herum. „Wirklich?“
„Für eine so tolle junge Frau wie dich tue ich doch fast alles …“

Sabine war schlichtweg begeistert.
Der Mann gefiel ihr, das Auto noch besser, und das Angebot war fantastisch. Wer übt schon mit einem Edelschlitten.

„Sag mal, was kostet so ein Schlitten eigentlich?“
„Viel.“
„Wie viel?“
„Musst du das unbedingt wissen?“
Sabine strich sich durch die Haare. „Klar doch.“
Pittermann schaltete herunter und fuhr rechts ran.
„150.000 Euro“
Sabine hätte sich fast verschluckt.
„Das ist krass!“

„Äh … sozusagen …“

Sabine nahm ihre Sonnenbrille ab und strich sich eine Strähne aus dem Gesicht.

„Treffen wir uns morgen hier um 17.00 Uhr?“

Olaf Pittermann musste kurz rekapitulieren. Hatte er Zeit? War nicht das Treffen mit den städtischen Beamten im Neuerschließungsgebiet Knittkuhl um 16.00 Uhr (und die dauerten bekanntlich zwei, drei Stunden)? Egal.

„Abgemacht. Morgen um 17.00 Uhr.“

„Dann kannst du mich ja jetzt zurückbringen …“

Olaf Pittermann wendete und brauste mit seiner charmanten Beifahrerin zurück zur Tankstelle.

Einslive spielte Samy de Luxe: „Wacht endlich auf aus diesem Alptraum!“

„Hast du eigentlich eine Freundin?“

Olaf Pittermann musste heftig schlucken.

„Äh …“

Ging sie davon aus, dass er verheiratet sei und eine Freundin nebenher hätte? Musste sie das nicht? Oder war sie so naiv zu glauben, er sei ledig? Andererseits – warum beantwortete er die Frage nach der Freundin nicht wahrheitsgemäß, letztendlich hatte er ja keine Freundin (schluck, lediglich eine Ehefrau, aber danach hatte sie ja nicht gefragt)?

„Ich habe keine.“

Sabine freute sich offensichtlich, trotz der schlechten Welt, die Samy de Luxe gesanglich beschrieb.

„Dann brauchst du sicher eine, oder?“

Oh, Mann! Die Frauen heute gehen anders ran als damals.

Hat aber auch Vorteile.

Love story

„Eigentlich mag ich ihn ja."

Vera strich sich eine Locke aus dem Gesicht, während Ute die Tapete mit Kleister bestrich, um sie Vera, die auf einer Leiter stand, zu reichen.

„Und wie gefällt er dir, ich meine, so als Mann an sich?"

Vera überlegte ein paar Sekunden.

„Also, wenn du mich schon so direkt fragst, würde ich mal sagen: nicht übel."

„Dann sei doch froh, dass er immer wieder durchfällt."

Vera seufzte. „Dieser Typ ist bereits viermal durchgefallen, und dabei fährt er fast perfekt. Die Theorie hat er mit null Fehlern gemacht, und bei der praktischen Prüfung fährt er die ersten 20 Minuten, als hätte er den Füherschein schon seit Jahren, dann aber, kaum sage ich ihm, dass er nur noch irgendwo einparken muss, baut er Mist. Verstehe es, wer mag – ich jedenfalls habe nicht die geringste Erklärung dafür."

Ute reichte ihr einen Streifen Rauhfasertapete.

„Vielleicht ist das bei dem, wie heißt er doch gleich,

Manfred, so was wie Abschlusspanik. In dem Augenblick, wo das Ziel schon greifbar nahe ist, hat er halt Angst, dass er es doch noch vermasselt. Wäre jedenfalls eine Erklärung."

Vera nahm den Tapetenstreifen an und drückte ihn an die Wand, sodass die Kante sauber an die Kante der bereits angeklebten Tapete kam. Anschließend fuhr sie mit einer Bürste über die Tapetenoberfläche, um die kleinen, unvermeidlichen Luftblasen herauszubringen.

„Oder, was ja auch nicht unbedingt ausgeschlossen sein muss – er ist in dich verknallt."

Vera lief rot an. Denn ausgeschlossen war es nun wirklich nicht.

Gegen 20.00 Uhr war Veras neues Arbeitszimmer fertig tapeziert.

„Jetzt eine Dusche und ein kaltes Bier!"

Ute stimmte ihr zu, ging in die Küche und griff in den Kühlschrank.

„Wann siehste diesen Manfred eigentlich wieder?"

„Morgen. Wieso?"

„Warum fragst du den Kerl nicht einfach mal, warum er immer wieder durchfällt?"

„Ja", fragte sich Vera, „warum frage ich ihn nicht einfach?"

Im Türrahmen stand Ute mit zwei eiskalten Flaschen Pils.

„Aber erst mal tun wir was gegen den Durst."

„Oder, wie es der Bundeskanzler formuliert: Gib mal n'Bier, sonst streik ich hier."

Manfred Fink setzte den Blinker rechts und bog der Vorfahrt folgend in die Herzogallee ein.

„Jetzt rechts ranfahren zum Parken“, wies Vera ihn an und zog ihre Sonnenbrille auf die Stirn.

Manfred Fink fuhr so nahe wie möglich an den Bordstreifen (mit Blinker), nahm den Gang raus, zog die Handbremse und drehte den Zündschlüssel nach links.

„Hervorragend, Herr Fink. Sie sind, wie immer, absolut perfekt gefahren.“

Finks grün-blaue Augen leuchteten. „Finden Sie wirklich?“

Vera grinste. „Tun Sie nicht so bescheiden! Sie wissen mittlerweile selbst, dass Sie fahren können, und nach 78 Fahrstunden ist das ja auch kein Wunder.“

Manfred Finks Blick glitt für den Bruchteil einer Sekunde auf die schlanken Fesseln seiner Fahrlehrerin, die heute einen knielangen Rock trug und – es waren 28 Grad Celsius – auf Strümpfe verzichtet hatte.

„Wunderschöne Beine...“, dachte Manfred Fink.

Vera beugte ihren Oberkörper zu Manfred Fink.

„Und bei der praktischen Fahrprüfung werden Sie wieder, so wie ich Sie mittlerweile kenne, durchfallen und mich vor dem Kollegen blamieren.“

Manfred Fink kratzte sich linkisch am Hinterkopf, weil er ahnte, dass er das Spielchen wohl nicht zu oft würde wiederholen können.

„Das ... äh ... tut mir Leid mit der Prüfung, wenn Sie sich da wegen mir blamieren, also ich habe mir auch schon gedacht, dass ich jetzt langsam doch wohl mal bestehen muss.“

„Ach!“

Nicht ein Wölkchen stand am Himmel, ein Tag wie ihn die Götter geschaffen hatten.

„Könnte ich dann, also wenn ich dann bestehe, vielleicht, Sie dürfen jetzt aber nicht lachen …“

Vera amüsierte die Schüchternheit des annähernd 30-jährigen Mannes aufs angenehmste, nichtsdestotrotz war sie sicher, dass er spielte.

„… denn ich würde gerne weiter wenigstens am theoretischen Unterricht teilnehmen, bei Ihnen, wenn das irgendwie ginge.“

„Wieso das denn?“

„Weil … ich Sie dann … halt öfters, ich meine weiterhin … sehen könnte.“

Vera prustete innerlich.

„Und warum wollen Sie mich unbedingt weitersehen?“

Manfred Fink drückte sich unbewusst in das Sitzpolster.

„Ich, ja weil … ich … weil ich …“

Vera wurde ungeduldig.

„Ja, was denn?“

Manfred Fink, der bis jetzt mehr oder weniger geradeaus geschaut hatte, drehte sich zu Vera.

„Weil ich … Ich sag's Ihnen nach der praktischen Prüfung.“

„Okay“, sagte Vera. „Voll okay. Aber das sage ich Ihnen gleich, ganz abgesehen davon, dass ich Sie durchaus nett finde – Sie werden am theoretischen Unterricht nach Bestehen der Prüfung definitiv nicht teilnehmen. Basta!“

„Aber wie soll ich dann meine Kenntnisse auf dem Laufenden halten?"

Vera schlug die Hände über dem Kopf zusammen.

„Lieber Gott im Himmel, das glaubt mir keiner."

„Na also, sagte Ute, dann ist er ja doch in dich verknallt. Habe ich's mir doch gedacht."

„Na na!"

„Nix, na na! Das ist ja wohl eindeutig wie nur sonst was, beste Freundin."

Vera und Ute gingen durch den Stadtpark spazieren, zur Linken der Entenweiher, zur Rechten das Stadtschloss.

„Wenn du meinst."

„Sag mal, was macht der eigentlich so beruflich?"

„Heilpraktiker."

„Hat der eine eigene Praxis?"

„Soviel ich weiß, ja."

„Keine schlechte Partie, was?"

Vera stemmte die Arme in die Hüfte. „Du denkst auch immer nur an das Eine! ..."

Wenige Tage später bestand Manfred Fink die praktische Führerscheinprüfung mit Bravour.

„Na also, Herr Fink!"

Manfred Fink machte bereits Anstalten, aus dem Wagen auszusteigen, als er kurz innehielt.

„Dann ist jetzt wohl, wie soll man sagen, der Abschied gekommen?"

„Hm."

FAHR
SCHULE
STUMPP

„Also ... okay ... dann werde ich jetzt mal gehen. Noch mal vielen Dank für alles."

„Sie schulden mir noch eine Antwort."

„Warum ich immer durch...?"

„Genau. Warum sind Sie immer durchgefallen? Oder soll ich besser umformulieren – warum haben Sie sich mehrmals absichtlich durchfallen lassen? Darauf hätte ich dann doch noch gerne eine Antwort."

Manfred Finks Gesicht nahm einen melancholischen Zug an.

„Weil ich mich irgendwie in Sie verknallt habe."

Vera wurde flau.

„Deshalb?"

Manfred Fink nickte. Dann stieg er aus dem Wagen aus, noch bevor Vera irgendetwas sagen konnte.

„Und du hast den einfach ziehen lassen?"

„Was sollte ich denn tun?"

Ute löffelte eine Amarenakirsche aus ihrem Eisbecher.

„Raus aus dem Auto. Halt, stehen bleiben! Rufen. Festhalten und küssen. Was weiß ich?"

Vera nippte an ihrem Cappuccino mit geschäumter Milch.

„Dazu müsste ich aber auch in ihn verknallt sein."

„Biste doch."

„Weiß ich nicht so richtig."

„Na dann", sagte Ute, schob sich einen Löffel voller Vanilleeis mit Amarenalikör zwischen die Lippen, „na dann musst du noch ein wenig nachdenken."

Einige Minuten später bestellten sich die beiden Frauen Espresso.

„Nee, wenn ich so daran denke, dass der in den theoretischen Unterricht wollte, um den Anschluss an die neuesten Entwicklungen in der Kunst des Autofahrens nicht zu verpassen, irre!"

„Was Männer nicht alles tun, wenn sie Feuer gefangen haben, fantastisch!"

14 Tage später war Veras Wohnung endlich fertig tapeziert. In der darauf folgenden Nacht schlief Vera nicht eine Sekunde. Irgendwie tat der Rücken ein wenig weh.

„Hast dich wohl ein bisschen übernommen, alte Vera, was?"

Mit 30 ist frau halt nicht mehr 20.

Heilpraktiker Manfred Fink saß an seinem Schreibtisch und studierte noch den Befund des Patienten, der soeben den Praxisraum verlassen hatte, als der nächste Patient eintrat.

„Kleinen Augenblick, bitte", murmelte er, während er noch ein paar ergänzende Bemerkungen niederschrieb.

„Guten Morgen, Herr Fink."

Manfred Fink schrieb noch ganze zwei Buchstaben, bis seine Synapsen die Stimme endgültig zu dem Stimmerkennungsprogramm in seinem Haupthirn übertragen hatten. Gleichzeitig wurde von dort ein momentaner nervöser Impuls ausgelöst, der dazu führte, dass Manfred Fink urplötzlich den Füllfederhalter fallen ließ und aufblickte.

„Wow!“

„Ich habe da ein Rückenproblem.“

„Ich glaub’s nicht!“

„Und da müssen wir jetzt dringend was machen oder was meinen Sie dazu, Herr Heilpraktiker?“

Manfred Fink stand langsam auf und ging vorsichtig, als würde er das Ganze für eine Fata Morgana halten, auf Vera zu.

Vera zog indessen ihre Bluse aus.

„Ich soll mich doch freimachen, oder?“

Manfred Fink pfiff durch die Zähne.

„Vera drehte sich, sodass er ihren Rücken bewundern konnte.

„Der ganze Rücken, ich sag’s Ihnen, wir müssen unbedingt was tun.“

Dann stand Manfred Fink hinter ihr. Er konnte zwar auf dem ersten Blick nichts Auffälliges entdecken, aber man weiß ja nie …

„Ich befürchte, das wird eine sehr, nun sagen wir mal, langwierige Therapie …“

„Oh“, sagte Vera, „Das hoffe ich doch.“

„Ich muß Sie sehr gründlich untersuchen.“

„Nur zu, Manfred“, hauchte Vera. „Ich bestehe drauf.“

„Na dann … brauche ich nur noch zu hoffen … dass du Privatpatientin bist …“

„Bei dir bin ich sogar Super-Privatpatientin. Und jetzt mach!“

Hubertus Kröpf hat den Führerschein

Ich hatte es mir in meinem Wohnzimmer soeben mit Krimsekt, Blinis und Tschaikowskys zweiten Klavierkonzert bequem gemacht, als mich ein wüstes Klingeln aus der Idylle riss. Es war Sonntag Abend, und ich hatte niemanden erwartet.

„Hallo, Rudi!"

Vor mir stand Hubertus Kröpf.

„Komm rein, Hubi!"

Hubertus trug einen schneeweißen Anzug mit T-Shirt anstelle Business-Hemd (à la Miami Vice), dazu klobige schwarze Halbschuhe und dicke graue Wollsocken. In der Linken hielt er eine Flasche Sekt.

„Ich hab ihn!"

„Was?"

Er setzte sich, stellte die Sektflasche neben den Sessel und goss sich von dem Krimsekt ein.

„Na was wohl?!"

„Den Führerschein?"

„So ist es."

STOMPP

Musste die Welt so bestraft werden?

Er griff in die Innentasche seines Sakkos und zog das Papier heraus.

„Deutschland, heut' Nacht komm ich über dich!"

Voller Stolz hielt er mir seinen Führerschein vor die Nase.

„Und ein Auto habe ich auch schon."

„Ach – und was?"

„Einen VW. Genauer: einen Jetta."

„Gebraucht?"

Er verstaute sein Papier wieder und nahm sich ein Blini.

„Ja, glaubst du, ich könnte mir als armer Hubschrauberpilot einen neuen Golf leisten?"

„Ich kenne sogar einige, die leisten sich Porsches."

(Die schaffen die Führerscheinprüfung wahrscheinlich auch im ersten Anlauf.)

„Was machen wir heute Abend?"

Es war 21.30 Uhr in Schleswig Holstein West, Sonntag und ein Tag, den man gewissermaßen feierlich begehen sollte. Ich brauchte nicht zu überlegen.

„Wir fahren nach Haale."

„Und was gibt's da?"

„Da gibt's super Life-Musik, tanzwütige Landjugend (vor allem weibliche) und irre preiswerte Drinks. Noch besser: Eintritt fast umsonst."

Hubi aß das Blini auf, trank ein Glas Sekt und grinste feist über das ganze Gesicht.

„Und wo ist das?"

„So in etwa 30 km nördlich von hier."
„Alles Landstraße?"
„Fast alles, Hubi."
„Gefährlich?"
„Höchstens die Fahrer."
„Leitplanken?"
„Wozu?"
„Ach – nur so ..."
„Und noch was, Hubi, ich möchte nicht, dass du in diesem dämlichen Aufzug mitkommst."
„Was ist denn daran dämlich?"
„Es passt nicht zusammen. Außerdem siehst du auch nicht gerade so aus wie Don Johnson."
Im Hintergrund dröhnten 30 Streichinstrumente, bevor das Klavier brachial einsetzte. Der Solist tobte förmlich über die Tastatur.
„Was würdest du mir denn empfehlen?"
„In Haale gibt es nur eins: maximal rustikal. Bierfest."
„Okay, Rudi, dann lass mich mal an den Kleiderschrank."

Eine Viertelstunde später hatte sich Hubi, der bei in etwa gleicher Körperlänge runde zehn Kilo mehr wog als ich, in eine meiner Jeans hineingezwängt. „Mein Gott, Hubi, bloß nicht husten!"

Es ging auf 22.00 Uhr zu, als wir noch sieben oder acht Kilometer vom Ziel entfernt waren. Hubertus fuhr mit 35 km/h über die Landstraße, begleitet von NDR

Tanzmusik (Cha-Cha-Cha) und einer Kolonne von Lichthupe drückenden Autofahrern hinter uns.

„Äh, Hubi, hier kann man auch 70 fahren!"

„70, genau, das ist hier die Höchstgeschwindigkeit. Das heißt: alles, was drunter ist, also von 0 bis 69, ist erlaubt – alles darüber nicht."

Ein getunter Opel Kadett brauste wild hupend links an uns vorbei. Aus den Musik-Boxen wummerten harte Bässe.

„Hubi, eins sag ich dir, wenn du so weiterfährst, werden wir hier gelyncht. Da sind die hier echt radikal. Also fahr wenigstens 70."

Hubertus beschleunigte auf 40. Hinter uns fuhr ein Ford bis auf einen halben Meter auf.

Nervöse Blicke meines Chauffeurs in den Rückspiegel.

„Ich hab's dir gesagt, Hubi, fahr endlich 70!"

Hubertus Kröpf drückte weiter aufs Gas.

„Ich fahr noch nicht so gern im Dunkeln."

„Kann ich verstehen, Hubi. Und weil du mein Kumpel bist, biete ich dir jetzt auch Folgendes an, als Kumpel quasi: Ich fahr für dich. Brauchst bloß rechts ran zu fahren."

„Nein, Danke."

Der Ford überholte, schnitt uns ordentlich (dafür haben die Jungs immer Zeit) und brauste mit mindestens 120 davon. „So, den Vollidioten wären wir los, ha!"

Dafür hatten wir jetzt zwei Daimler hinter uns. Aus den Boxen hämmerten die Beats bis Lübeck.

STUMPP

Hubertus fiel geschwindigkeitsmäßig wieder auf 50 km/h zurück.

Der erste Daimler hupte wie von der Tarantel gestochen.

„Ach noch was, Hubi, wie wär's denn, wenn du mal deine Brille aufsetzen würdest?"

Hubertus Kröpf fuhr sich mit der Linken ruckartig an den Nasenrücken.

„Oh, no! Und ich frag mich die ganze Zeit, warum ich so gut wie nichts sehe!"

Mir wurde sehr flau auf meiner vorläufig letzten Fahrt nach Haale. Der Landgasthof, der jeden Sonntagabend zur Landjugend-Disko mutierte, war bestens besucht wie immer. Die Autos parkten dicht an dicht um das Gebäude herum, sodass wir eine halbe Stunde mit Parkplatz suchen verbrachten. Irgendwo, so um die achthundert Meter vom Zentrum des Vergnügens entfernt, fanden wir die erste Lücke.

„Steigst du aus und weist mich ein?"

„Soll ich ihn dir nicht lieber einparken?"

„Nichts da!"

„Überleg dir das lieber noch mal."

Gleichzeitig stieg ich auch schon aus, um Hubertus einzuweisen.

Zum Glück hatten die Wagen vor und hinter Hubertus Parklücke stabile Stoßstangen, denn Hubertus hatte beschlossen, meine Einweisungssignale schlichtweg zu ignorieren. Anschließend warf er mir vor, ich hätte meine Pflicht nicht erfüllt.

„Hubi, du willst doch, dass wir Freunde bleiben, oder?“

„Wieso?“

„Du weißt, warum. Basta!“

Wenige Augenblicke später kamen wir an einem parkenden Ford vorbei, dessen Scheiben dicht beschlagen waren. Das Auto bewegte sich rhythmisch.

„Guck dir das an, Rudi. Die sind hier voll am …“

Wir blieben an dem Wagen stehen und lauschten ein wenig.

Von innen hörte man ein leises Stöhnen.

„Jaaaaa … Ooooooo …“

Hubertus presste sein Ohr an die Beifahrerscheibe, um mehr zu hören. Gleichzeitig machte er mit der rechten Hand ein eindeutiges Zeichen (das auch auf Tahiti verstanden wird).

„Uuuuuuu … Oooooooo … Aaaaaaaaa …“, drang es weiter aus dem Wageninneren.

Im gleichen Augenblick durchfuhr mich ein Geistesblitz. Ich ging um den Wagen herum und schaute mir die Kennzeichen an.

„Hey, Hubi, weißt du, wer da drinnen am Arbeiten ist?“

Hubertus legte demonstrativ seinen Zeigefinger über die Lippen. „Pschtttt!“

„Mann, Hubi, guck doch mal, wessen Auto das ist.“

Hubertus ließ sofort von der Lauschaktion ab. „Ja, wer denn?“

„In diesem Ford tigert kein Geringerer als unser aller Freund und moralisches Vorbild, der Stabsarzt.“

„Nein!“

„Wollen wir mal anklopfen?“

„Auja!“

Nun ja, was soll ich sagen, Trübenbeck guckte reichlich doof aus der Wäsche, als er unsere feist grinsenden Gesichter über sich sah.

„Hat man vor euch noch nicht mal in Haale seine Ruhe?“

„Nicht mal in Haale …“

Sabine aus Winsen

Sabine feierte mit einer Wahnsinnsparty. Mit knapp 25 hatte sie schon soviel erreicht, wie manche mit 40 nicht. Sie war stellvertretende Filialleiterin eines mittelgroßen Supermarktes, hatte hochmotivierte Mitarbeiter und die Aussicht, im Konzern wie ein Stern aufzusteigen.

Sie war attraktiv, keine Frage, wenn auch etwas zu dünn, trug langes brünettes Haar (immer nach der neuesten Mode geschnitten) und ausgesucht geschmackvolle Kleidung.

Leider war Sabine auch mehr als sparsam, um das unschöne Wort geizig nicht zu gebrauchen.

Insofern hatte sie sich, kaum den Führerschein im Besitz, entschieden, einen äußerst preiswerten Wagen zu kaufen.

„Soll ich nicht lieber mitkommen und dir beim Aussuchen helfen? Ich meine, also von Autos, so als Mann, habe ich ja doch ein wenig mehr Ahnung als du.“

„Nein!“

Jeder weitere Versuch, meine liebste Freundin zu überzeugen, wäre zwecklos gewesen, also gab ich gleich auf. Denn Sabine ist als Manager gewohnt, Entscheidungen auch ohne männliche Unterstützung zu treffen. Insbesondere ohne meine.

Einen Tag später präsentierte sie mir ihre Neuerwerbung, einen Fiat.

„Stell dir mal vor, der ist nur vier Jahre alt und hat bloß 3000 Euro gekostet. Wie schön er glänzt …"

In der Tat, geglänzt hat er.

„Und er hat noch nicht mal 60.000 km drauf, ist das nicht cool?"

„Ja, Sabine. Das ist wirklich cool. Darf ich mal das Checkheft sehen?"

„Nein", zischte Sabine, die wieder einen imaginären Chauviangriff abwehren musste.

Ich schaute mir die Reifen etwas näher an.

„Ganz schön abgefahren, Sabine, also ich würde mich nicht wundern, wenn …"

„Mach dir mal keinen Kopf wegen der Reifen, die sind voll okay."

„Pardon!"

„Und?"

„Wie – und?"

„Ist das Auto nicht wesentlich mehr wert als 3000?"

„Äh … Ja (Nein)."

„Na also."

„Hast du schon mal nach dem Ölstand gesehen?"

„Du nervst!"

„Ich meine ja nur. Also. Ich würde doch mindestens

MU-RKS 21
STOMPP

mal den Ölstand überprüfen. Und den Verbandskasten, das Warndreieck, die Auspuffanlage, eventuell ..."

„Brauch ich nicht!"

„Also ich darf definitiv nicht in den Motorraum schauen?"

„Nein!"

Okay, dachte ich mir, was interessiert mich das Auto der Frau, in die ich verknallt bin? Und, mal ehrlich, andererseits will Sabine ja auch nicht in mein Auto schauen.

Sabine zog mich zurück ins Haus.

„Heute schon gejoggt?"

„Nein", antwortete ich. „Wieso?"

„Dann sparen wir uns heute das Joggen und feiern Führerschein und neues Auto. Vamos, muchacho!"

„Wo?"

„Wie – wo?"

„Wo wir feiern? Im Pommeroy oder im Shakatak?"

„Im Schlafzimmer, du Ignorant!"

In der Nacht träumte ich von herausfliegenden Zylinderkopfdichtungen.

Sabines Freude am neuen Auto wehrte nur einen halben Tag. Kurz vor Mittag klingelte es in meinem Büro.

„Ich bin liegengeblieben ... (schluchz) ... der Reifen links hinten ... (schluchz) ..."

„Kannst du den denn nicht selber wechseln (so als Managerin)?"

„Habe ich in der Fahrschule nicht gelernt."

„Okay ... ich komme ... also, wo liegst du genau ...?"

Auf dem Gang begegnete ich meinem Chef.

„Na, Peil, wohin denn so früh?“

„Meine Freundin, äh, hat einen Platten, und da …“

„Die Supermarktmanagerin?“

„Genau die.“

Er zuckte mitfühlend mit den Schultern. „Frauen …“

Ich hätte Sabine ja gerne geholfen. Wenn in dem 3 000 Euro Fiat ein Ersatzreifen gewesen wäre. Stattdessen fehlte sogar ein Wagenheber.

Also schleppte ich das Auto meiner Freundin ab. Sie hatte eine Sonnenbrille aufgesetzt, um ihre Scham zu verbergen.

In der darauffolgenden Nacht träumte ich von geplatzten Reifen.

Also kombinierte ich: Demnächst sind die Zylinderkopfdichtungen dran.

Am Morgen wagte ich einen verzweifelten Versuch, Sabine zu warnen, doch vergeblich. Sabines Verdrängungsmechanismus hatte die Schlappe mit dem Reifen vollständig gelöscht und das alte Selbstbewusstsein wiederhergestellt.

„DAS IST MEIN AUTO, UND DER ÖLSTAND IST OKAY!“

Ich gab ihr die Tupperwaredose mit den Butterbroten (managementmäßig light belegt), küsste sie und hauchte ihr noch ein letztes: „Bitte, bei unserer Liebe, achte auf die Temperaturanzeige…“ ins Ohr.

„Jaja“, sagte sie („Jaja“ heißt „nein“, soviel habe ich mittlerweile gelernt), löste sich aus meiner Umklammerung und war von dannen.

Während des gesamten Tages saß ich wie auf glühenden Kohlen.

Ständig schaute ich auf die Uhr. Beinahe – beinahe hätte ich die reguläre Bürozeit ohne einen Anruf Sabines herumbekommen.

Das Telefon klingelte um 16.45 Uhr.

„(Schluchz) … Der Kühler … Der Kühler …“

„Qualmt – stimmt's?“

„Buuuhhh!“

„Ich komme. Wo bist du denn?“

Auf der Treppe stand mein Chef und rauchte Pfeife.

„Na, Peil, wohin?“

„Die Supermarktmanagerin mal wieder.“

„Eieiei … Was denn diesmal?“

„Zylinderkopfdichtungen.“

„Uiuiui. Passen Sie auf Ihre Flossen auf, wenn Sie den Kühler öffnen.“

„Mach ich, Chef.“

„Ach noch was, Peil, sagen Sie Ihrer Flamme doch bitte noch, dass wir kein KFZ-Unternehmen sind, will sagen, kaufen Sie der Süßen einen Neuwagen.“

„Ich bin ein armer Mann, Chef!“

„Kriegst 'ne Gehaltserhöhung, kein Problem.“

„Sag mal, Sabine, hat euch der Fahrlehrer damals eigentlich nichts über Ölstand und so erzählt?“

„Nein. Sollte er?“

„Tja, sicher bin ich mir zwar nicht, aber irgendwie gehört das schon dazu, meine ich.“

„Dann hatte ich halt Pech.“

„Das Pech kostet dich mindestens 2000 Euro.“

Sie gab sich unbekümmert unter ihrer Sonnenbrille. Ich sollte auf keinen Fall merken, dass sie sich schwarz ärgerte. Allerdings sah ich sie zum ersten Mal rauchen.

„Mit einem neueren Wagen wärst du günstiger weggekommen.“

„Klappe!“

Sabine paffte gewaltige Rauchschwaden durch meinen Wagen. Kaum hatte sie eine Zigarette ausgedrückt, zündete sie die nächste an.

„Ich verkaufe die Karre.“

„Sieh mal einer an.“

„Wie viel meinst du, krieg ich denn etwa noch?“

„Zur Zeit, ohne reparierte Zylinderkopfdichtungen, wenn du Glück hast, so um die 500 Euro.“

Sabine seufzte.

„Du bist schuld. du hättest dich vorgestern durchsetzen sollen! Aber sowas kannst du ja nicht, leider!“

In der darauffolgenden Nacht träumte ich von Sabine, die im Amazonas ein Wettschwimmen gegen den 1. FC Piranha verlor. Und mein Chef erschien mir. „Mann, Peil, du bist doch kein Abschleppunternehmen, eh!“

Ich wachte schweißgebadet auf. Sabine lag neben mir und schlummerte süß. Vielleicht träumte sie ja von ihrer

Heimat, dem schönen Winsen an der Luhe. Oder: von einem neuen Auto.

Zwei Stunden später verwöhnte ich sie mit einem kräftigen Frühstück. Es gab knusprige Croissants, Spiegeleier mit Speck und Espresso satt. Sabine strahlte über beide Wangen.

„Habe ich dir schon mal gesagt, dass ich dich total lieb habe?“

Jetzt wurde es gefährlich. Sabine hatte so etwas noch nie gesagt. Also wollte sie irgendwas von mir.

„Äh … nein … wieso?“

Sie gab mir über den Tisch hinweg einen Kuss.

„Dann sag ich's dir halt jetzt. Also: Ich habe dich ganz doll lieb.“

„Sag's lieber gleich, Süße. Was willst du?“

Sabine goss mir einen Multi-Vitaminsaft ein.

„Ich möchte, dass du dir einen Tag freinimmst und mir ein Führerscheinaufbautraining anbietest.“

„Und an welche Ausbildungsabschnitte hattest du da gedacht?“

„Na ja … So an Reifenwechseln und so.“

„Gib mir mal das Telefon.“

Mein Chef war begeistert: „Mann überleg doch mal! wir opfern ihr einen Tag, bringen ihr alles Notwendige bei, und dann, schwupp, haben wir Ruhe vor ihr. Ist doch cool. Und dann, Peil, kannste vielleicht auch mal wieder ungestört zur Profitmaximierung der Firma beitragen …“

Ein Pragmatiker, mein Chef. Sabine lernte schnell.

„Weißt du, Rudolf, ich hätte gleich auf dich hören sollen …"

„Wo wird gefeiert? Im Shakatak oder im Pommeroy?"

„Im Schlafzimmer, Dummerchen!"

Hubertus hat den Führerschein seit einer Woche

„Wie sieht's aus mit Hamburg, heute Abend?"

„Gut", sagte ich meinem allerbesten Freund. „Wenn ich Deinen Wagen fahren darf."

„Nix da. Ich fahre selbst – und das kann ich dir garantieren: Du wirst mich nicht wiedererkennen."

„Wieso? Trägst du diesmal deine Brille?"

Geräuspere am anderen Ende der Leitung.

„Sag, Rudi, hast du Mumm in den Knochen?"

„Ich nehme es an."

„Dann bis heute Abend. Ich hole dich um acht ab."

„Einverstanden."

„Und ich bringe Gäste mit."

„Wen denn?"

„Sage ich nicht ..."

Sie kamen pünktlich, Hubertus und Stabsarzt Trübenbeck. Hubertus' VW war frisch gewienert und gesaugt.

„Setz du dich mal zu Hubi nach vorne, ich mach's mir hinten bequem!", sagte ich.

Wieso hatte Hubertus eigentlich Gäste angekündigt, letztendlich war's doch nur ein Gast?

Ich wuchtete mich hinter den Beifahrersitz und wunderte mich über eine geknäulte Wolldecke neben mir.

„Sag mal, Hubi, seit wann schleppst du Decken mit?"

„Wegen Flecken und so."

Hubertus startete den Wagen und fuhr zügige 70 km/h durch die Stadt Itzehoe.

„Erwartest du, dass ich mir die Decke unter den Allerwertesten schiebe?"

„Die ist nicht für dich – sondern für Babalu."

„Und wer ist Babalu?"

„Mein Hund. Fühl mal unter die Decke!"

An dieser Stelle möchte ich anmerken, dass ich Hunde über alles liebe.

Ich hob die Decke an, und siehe da: Ich blickte in zwei rehbraune Hundeaugen.

Sofort begann ich den Hund, den ich für einen irischen Setter hielt, zu streicheln. Dem Hund schien es zu gefallen; er schnurrte wie eine Katze.

„Das ist ja ganz ein Süßer, Hubi."

„Eine Süße!"

Hubertus bog mit quietschenden Reifen auf die Autobahn nach Hamburg, um sofort auf 140 km/h zu beschleunigen. Mein Gott – was eine Woche Fahrpraxis ausmachte.

Der spindeldürre Stabsarzt, den ich mit Doc anreden durfte, öffnete eine Bierdose und nahm einen tiefen Schluck.

„Der Hubi fährt wie die Wildsau, wa?!"

Hubertus überholte soeben einen 3er BMW mit 155 km/h. Welch ein Kontrast zu der Fahrt nach Haale.

„Ach übrigens, Rudi, streichel Babalu nicht so lange! Jedenfalls hör sofort auf, wenn sie knurrt.“

„Och, Hubi, mich lieben Hunde. Also mich hat noch nie einer gebissen, mach dir mal keine Sorgen.“

„Du hast aber noch keinen Rhodesian Ridgeback gekrault, oder?“

„Ach, das ist gar kein Setter?“

Stabsarzt Trübenbeck prustete vor Lachen.

„Das ist das Gegenteil!“

„Inwiefern?“

„Nun … (schluck) … (rülps) … ein Setter jagt keine Löwen … hahaha …“

„Löwen?“

„Unter anderem“, ergänzte Hubertus. „Guck dir mal das Gebiss an.“

In der Tat. Babalus Gebiss hatte mehr mit dem eines Pitbulls gemein als mit dem eines Setters.

„Nimm die Hand lieber von ihr weg.“

Vorsichtig, ganz vorsichtig zog ich meine Linke von Babalu, die mich daraufhin ein wenig verdattert anschaute. Währenddessen ließ Hubertus mit 165 km/h einen SLK stehen und Onkel Doktor machte das zweite Bier auf.

„Brauchse keine Angst nich ham … wa … hassa en Doc dabei … huhuha …“ In Hamburg überfuhr Hubertus satte sechs Ampeln, verewigte sich einmal auf einem Schwarz-Weiß-Foto (Standbildkamera), und schaffte es,

Posemuckel
STUMPP

bei der Diskothek Posemuckel anzukommen bevor der Doktor das vierte Bier anzischen konnte.

„Wie war ich?"

„Super, Hubi, voll super! Danke, dass ich's überleben durfte."

„Jetzt gucken wir uns mal die Bräute an, was Jungs?"

Heute, in gedecktem Anzug, würde er vielleicht eine Chance haben, dachte ich. Yuppie-Outfit war ungemein angesagt, und wenn Hubertus erst mal über den dialektischen Materialismus referierte … Ich meine, er sah zwar wirklich nicht aus wie ein Mann, den Frauen auf Anhieb … aber er hatte Intellekt, Wissen, Benimm (meistens) – und den Führerschein.

Hubertus war gewissermaßen ein Mann von Stil.

Fahrstunde privat

Sie trafen sich zur vereinbarten Zeit. Sabine trug kurze Hosen, Pumps, ein knallenges T-Shirt; Olaf Pittermann hatte sich für einen leichten Sommeranzug (Emporio Armani) entschieden.

Sabine begrüßte ihn mit einem flüchtigen Kuss.

„Der Anzug steht dir sehr gut. Hast ja auch noch eine ganz brauchbare Figur für dein Alter."

„Danke, Sabine."

„Ich bin ganz aufgeregt."

„Ich auch, das kannst du glauben."

Allerdings war Olaf Pittermann aus anderen Gründen aufgeregt als Sabine. Jedenfalls war er heilfroh, dass sein Sohn keine dummen Fragen gestellt hatte, als Papi sich das Auto schon wieder auslieh. Auf jeden Fall müsste er aufpassen, dass Sabine keine Lippenstifte oder Ähnliches liegen ließ. Das würde sein Sohn höchstwahrscheinlich schon kritisch hinterfragen.

Sie fuhren los in Richtung Knittkuhl. Hier gab es Feldwege – und vor allem: keine Mitarbeiter, die ihren verheirateten Chef mit einer 20-jährigen Frau sahen.

„Machst du Musik?", hauchte Sabine, die ihre Beine

übereinandergeschlagen hatte und an ihren Strähnen spielte.

Olaf Pittermann schob eine CD in das dafür vorgesehene Fach. Er hatte sie zusammen mit zwei anderen speziell für diesen Nachmittag ausgewählt.

Einige Sekunden später klang Barry White aus den Boxen: *„Can´t get enough of your love, baby."*

„Das ist ganz gut", sagte Sabine. Sie hielt die CD-Hülle in ihren Händen. „Aber der Typ sieht ja echt schlimm aus, so fett. Sollte sich mal was absaugen lassen."

Olaf Pittermann prustete laut los, als er sich die Szenerie vorstellte. Mein Gott, bei der Wampe würden die keinen Eimer für das abgesaugte Fett brauchen, die müssten eine Wanne haben.

„Na ja, kann uns beiden ja nicht passieren, was?"

Sabine schüttelte den Kopf.

„Und was hast du sonst noch dabei?"

„Barbara Streisand und Nena. Kennst du wahrscheinlich nicht."

„Zur Not können wir ja wieder auf Radio gehen."

Olaf Pittermanns Blick hatte sich wieder auf Sabines Beine fixiert. Lieber Gott, betete er innerlich, wie soll ich da widerstehen können?

Der warme Fahrtwind wehte Sabines Haar durcheinander.

„Ich wette, es sind immer noch 27 Grad Celsius. Aber

es soll heute Abend angeblich abkühlen. Dann machen wir das Verdeck aber wieder drauf, ja?“

„Selbstverständlich, Sabine. Was immer du wünschst.“

Innerlich stellte sich Olaf Pittermann vor, wie er Sabine nach Hause brachte und sie fragte, ob er noch auf einen Kaffee mit heraufkommen sollte.

Würde er Ja sagen?

Sie hielten auf einem Feldweg. Links und rechts lagen ausgedehnte Ackerflächen, auf einigen grasten Kühe. Da sie auf einem Hügelabschnitt standen, konnten sie gut drei Kilometer weit sehen.

„Herrliches Panorama, nicht wahr?“

„Ja“, stimmte Sabine zu. „Der richtige Ort für Verliebte.“

War das der erste Hinweis? In Olaf Pittermanns Bauch kribbelte es gewaltig.

„Und, wie sieht’s aus, möchtest du ans Steuer?“

„Klar, eh.“ Sabine öffnete die Beifahrertür und stieg aus. Olaf Pittermann folgte ihrem Beispiel.

„Und denk dran, Sabine, hier oben kommt kein Mensch. Wenn du irgendwas falsch machst – kein Problem. Keine Leute, keine Autos, keine Glasscheiben, keine Ampeln.“

„Wenn du es sagst.“

„In ein paar Stunden kannst du Auto fahren.“

Sabine nickte zustimmend und setzte sich hinter das Lenkrad. Und Olaf Pittermann freute sich, dass Sabine jetzt absolut konzentriert war und nicht bemerkte wie sich sein Blick förmlich an ihre Beine geklebt hatte.

„So, jetzt lass mal die Kupplung kommen, aber langsam, und dann ganz sacht Gas kommen lassen."

„Wo ist noch mal Gas?"

„Rechts."

„Und die Kupplung?"

„Links."

„Na dann ..."

Sabine ließ die Kupplung zu schnell kommen und würgte den Motor damit brutal ab. Der Wagen hoppelte ein paar Meter vor und blieb dann endlich stehen. Auf Olaf Pittermanns Oberlippe bildeten sich kleine Tröpfchen.

Es fing nicht gut an.

Der nächste Versuch endete damit, dass Sabine Gas und Bremsen verwechselte. Das Auto hoppelte wieder und Olaf Pittermann begann sich erste Sorgen um das Getriebe des Wagens zu machen.

„Jetzt noch mal ganz langsam ..."

Der dritte Versuch endete mit einer Panikattacke Sabines. Wenigstens fuhr sie den Wagen nicht gegen einen der Weidezäune.

„Du musst dich konzentrieren, Sabine, eins werden mit der Schaltung ..."

„Aber ich bemühe mich doch."

Ja, dachte Olaf Pittermann. Nur bist du absolut unbegabt. Ohohoh.

„Du musst ein Gefühl für die Kupplung entwickeln! Langsam, aber bestimmt, musst du loslassen!"

Als nächstes würgte Sabine den Motor ab.

„Ich schaff das nicht!"

„Quatsch! Natürlich schaffst du das! Die Dümmsten der Dummen haben das schon hingekriegt."

Sabine biss die Zähne zusammen. „Okay ... Wenn du meinst."

Die nächsten Versuche endeten als Fiasko. Zu guter Letzt wäre Sabine mit dem 300-PS-Wagen um ein Haar in eine Buschgruppe gedonnert, als sie das Auto endlich zum Laufen gebracht hatte und vor lauter Freude das Lenkrad überriss.

Olaf Pittermanns Hemd war mittlerweile durchgeschwitzt.

„Ich glaube, wir sollten jetzt lieber eine Pause machen."

Sabine stieg aus.

„Ich muss mich mal ausschütteln."

Olaf Pittermann lockerte seine Krawatte und stieg ebenfalls aus.

„Ich denke, wir geben dem Auto und uns eine kleine Verschnaufpause."

Sie lehnten sich beide an die vorderen Kotflügel.

„Na ja", sagte Olaf Pittermann, der etwas besorgt über den traurigen Gesichtsausdruck seiner Fahrschülerin war, „es ist halt noch kein Meister vom Himmel gefallen."

Sabine verzog ihre Mundwinkel. „Ich würde sagen, wir lassen das für heute mit der Überei."

„Wie du meinst." Olaf Pittermann war über Sabines Entscheidung nicht unglücklich. Immerhin würde das Getriebe des Autos nicht weiter im Zeitraffer altern. Bei einem Auto dieser Preisklasse eine ernsthafte Angelegenheit.

Zweihundert Meter vor ihnen tauchten zwei Gestalten auf. Offensichtlich Spaziergänger.

„Kann ich dich denn wenigstens noch zum Essen einladen?"

„Selbstverständlich", antwortete Sabine, „das habe ich mir ja auch verdient."

Die Spaziergänger kamen näher. Ein Mann und eine Frau in Freizeitkleidung.

„Und wohin lädst du mich ein?"

Olaf Pittermann musste nicht lange überlegen. „Carissima in Oberkassel."

„Wow", entfuhr es Sabine, die italienisches Essen über alles liebte. „Ins Carissima, darauf freue ich mich richtig."

„Und anschließend können wir ja noch ein bisschen am Rhein spazieren gehen oder einen Kaffee bei Peppino im Orlita trinken."

„Bin mit allem einverstanden."

Jetzt erkannte Olaf Pittermann die beiden Spaziergänger, im gleichen Augenblick packte er Sabine am Ärmel. „Wir sollten jetzt gleich los. Komm!"

„Aber hier ist es doch so schön?"

„Bitte!"

Es war zu spät. „Guten Abend, Herr Pittermann!", donnerte es ihnen entgegen.

„Kennst du die Leute, Olaf?"

„Und ob", fluchte Olaf Pittermann vor sich hin. Es war Bürgermeister Kappelkupp mit seiner streng dreinblickenden Gemahlin.

„Verfluchte Sch..."

Dann standen sie sich gegenüber.

Bürgermeister Kappelkupp begrüßte Olaf mit Handschlag, klopfte ihm kumpelhaft auf die Schulter und wandte sich dann Sabine zu. „Sehr erfreut, gnädige Frau." Und das war er wirklich, denn auch Kappelkupp war ein großer Fan schlanker Frauenbeine.

Die Frau des Bürgermeisters konnte dem Ganzen nichts Positives abgewinnen. „Na, heute ohne Familie unterwegs, Herr Pittermann?"

Du alte Giftschlange, durchfuhr es Olaf Pittermann. „Ich äh ... Wir haben ... äh ..."

„Möchten Sie mir die junge Dame nicht vorstellen?"

„Äh ... das ist Frau Sabine ... ähem ... ach jetzt ist mir doch glatt der Name ..."

„Klapperich", half ihm Sabine, bevor es endgültig zu spät war.

Die Frau des Bürgermeisters gab ihr süßlich die Hand. „Sie sind sicher eine gute Bekannte der Familie, stimmt's?"

„Quasi."

Die Frau des Bürgermeisters lächelte gespielt wohlwollend.

„Na dann …"

Olaf Pittermann wäre am liebsten im Erdboden versunken. Denn eins war sicher: Sein Saubermann-Image war er beim Bürgermeister erst mal los und möglicherweise die damit verbundene Protektion und Sabine wohl auch.

Beim nächsten Mal, wenn er wieder eine Frau ansprach, so nahm er sich vor, würde er sich vergewissern, dass sie den Führerschein hat.

Auf der Fahrt zurück waren beide ungewohnt schweigsam.

Erst als sie gut drei Kilometer weitergefahren waren, ergriff Olaf Pittermann die Initiative.

„Sorry, dass ich Familie habe, hätte ich dir natürlich sagen müssen."

„Wieso? Mir war von Anfang an klar, dass so ein Mann wie du nicht unverheiratet sein kann. Das ist auch gar nicht wichtig für mich."

„Wie bitte?"

„Na hör mal! Ein gutaussehender Mann Mitte 50 mit einem Edelschlitten, so was kann's gar nicht als Single geben."

„Dann … ähäm … wärst du mir gar nicht böse?"

„Gar nicht! Ich finde dich süß, und das hat mit deinem Familienstand nicht das Geringste zu tun. Wichtig war mir gestern zu erfahren, ob du eine Freundin hast; was ja auch für Ehemänner nicht ungewöhnlich ist. Und ich gehe mal davon aus, dass du mir diese Frage ehrlich beantwortet hast –, oder etwa nicht?“

„Doch, doch!“

Nena sang von 99 Luftballons auf ihrem Weg zum Horizont.

„Und wir gehen auf jeden Fall ins Carissima, das ist doch wohl auch klar!“

Olaf Pittermann strahlte über das ganze Gesicht.

Denn in diesem Augenblick war ihm bewusst geworden, dass seine Chancen auf ein Ja gar nicht so schlecht standen.

„Weißt du, Olaf, von meinen Freundinnen haben eine ganze Menge verheiratete Freunde, und die sind gar nicht unglücklich damit. Hat nämlich auch eine ganze Menge Vorteile.“

„Und die wären?“

Sabine zog sich eine base-cap auf. „Die sind nicht so eifersüchtig.“

An einer roten Ampel hielten sie. Auf der Parallelspur kam ein Kadett-Cabrio mit zwei jungen Männern angefahren. Unverhohlen musterten sie das altersungleiche Paar in dem Aston Martin. Einer rief: „Hey, Alter!“

Sabine zeigte ihnen den Effenberg-Finger.

„Guck dir mal die zwei Deppen an“, sagte sie. „Nichts auf der Naht, aber den Willi machen. Auf so was habe ich nicht den geringsten Bock. Die würde ich mit Gold behangen nicht gegen dich eintauschen."

Olaf Pittermann bibberte förmlich vor Stolz. Dann zeigte auch er den Youngsters den Effenberg-Finger. Und gab Gas, wobei er den Kadett rasend schnell abhängte.

„Also", sagte Sabine, „ich glaube ich werde gleich 'ne fette Pizza essen und danach ein Tiramisu … und du?"

„Das Gleiche."

„Und noch was, bevor ich's vergesse – morgen geht's weiter mit Führerscheintraining."

„Lieber Gott im Himmel", betete Olaf Pittermann vor sich hin, „verhindere das auf jeden Fall …"

Frau Gräfin

Es mag zwar wie ein Märchen klingen, aber auch Märchen passieren einmal.

Manchmal beginnen sie bei der Führerscheinprüfung.

Nun ... es war einmal ...

Gräfin Angela von Rennestein hatte es fast geschafft.

„Wenn Sie das Auto jetzt noch unfallfrei rückwärts in die Garage setzen, unterschreibe ich Ihren Führerschein."

„Zu dumm", durchfuhr es Angela von Rennestein, „genau das ist meine Schwäche"

Fahrlehrer Kurt Manstein gurtete sich ab.

„Ich gehe derweil mal da vorne (er deutete auf das Restaurant 50 Meter vor dem Wagen) einen Happen essen, und dann kommen Sie dran, Herr Umständer."

Richard Umständer, der hinter Angela von Rennestein saß, konnte es kaum erwarten. Er war sich absolut sicher, ohne den geringsten Patzer durch die Prüfung zu kommen, hatte bereits ein Auto gekauft und freute sich wie ein kleines Kind auf die erste Fahrt. Es waren jetzt knapp zwei Wochen nach seinem 21sten Geburtstag, und als Geburtstagsgeschenk hatten ihm seine

Eltern die noch fehlenden 500 Euro für seinen Wagen geschenkt. Den Hauptteil der Summe, so stellte er stolz fest, hatte er jedoch mit Arbeit finanziert.

„So, ich bin dann weg. Also, Frau von Rennestein, fahren Sie den Wagen rückwärts in die Garage, und dann kommen Sie mit Herrn Umständer nach. Ich lade Sie beide ein."

Manstein verschwand in das Restaurant.

Angela von Rennestein seufzte: „Ich glaube, ich schaffe das nicht."

Richard Umständer, der immer noch hinter ihr saß, konnte es nicht glauben.

„Aber du bist doch die ganze Zeit absolut sicher durch den dichtesten Stadtverkehr gekommen – wo willst du denn jetzt noch einen Fehler machen?"

„Ich weiß auch nicht, aber meine Hände zittern schon jetzt. Weißt du, so auf den letzten Drücker, so kurz davor …"

Richard Umständer stieg aus und öffnete der fast gleichaltrigen Angela die Fahrertür.

„Darf ich bitten, Gräfin."

Angela fielen die Voralpen vom Herzen.

„Du machst es für mich?"

„Na klar doch. Manstein sieht's doch nicht."

Angela von Rennstein blickte in Richtung Restaurant und stellte erleichtert fest, dass das Gebäude keine Seitenfenster hatte. Mit leicht flauem Gefühl in der Magengegend stieg sie aus.

Restaurant
STUMPP

„Aber beeil dich!“

Richard Umständer stieg ein und setzte den Wagen sauber zurück in die Garage.

Angela beobachtete währenddessen mit Argusaugen den Restauranteingang.

„Wie soll ich dir das danken, Richard?“

„Och ... du kannst mich bei Gelegenheit mal zum Abendessen einladen.“

„Mach ich gerne.“

„Aber jetzt lädt uns beide erst mal Manstein ein ...“

Eine halbe Stunde später war Angela von Rennestein glückliche Besitzerin eines Führerscheins; Richard Umständer eine Stunde später.

14 Tage lang hörte und sah er nichts von Angela und er fragte sich schon, ob Angela seine Rettungsaktion bereits vergessen hatte – was seine Vorurteile gegen den Adel zu bestätigen schien. Doch eines Morgens fand er eine schriftliche Einladung der Familie von Rennestein zum Abendessen vor.

Richard pfiff durch die Zähne.

„Caramba!“

Die Einladung war auf feinstem Büttenpapier geschrieben, auf der Vorderseite verziert durch ein Foto des familieneigenen Landsitzes.

„Das nenn ich Wohnkultur ...“

Dann hörte er die Stimme seiner Mutter. „Los, komm, die neuen Gäste sind da!“

Richards Arbeitstag im elterlichen Hotelbetrieb ging los.

Am Abend des Dates machte sich Richard Umständer daran, sich dem Anlass entsprechend anzukleiden. Er wählte einen anthrazitfarbenen Anzug, eine dunkle Krawatte und schwarze Schuhe.

Auf einen Mantel verzichtete er, bei Temperaturen von 24 Grad eine durchaus vertretbare Entscheidung. Ausgestattet mit gesegnetem Appetit und einer Straßenkarte machte er sich auf den Weg.

Angela von Rennesteins Eltern erwiesen sich als erfreulich locker, und das fünfgängige Abendessen war köstlich.

Pappsatt, so würde sich Richard artikuliert haben, ging man in den Salon um noch einen Absacker zu trinken.

Angelas Mutter servierte Chartreuse, eine Kräuterlikörspezialität aus Frankreich.

„Sie können bei uns übernachten, falls Sie um Ihren fast taufrischen Führerschein Sorge tragen", raunte ihm Frau von Rennestein zu. „Wir haben das Gästezimmer für Sie vorbereitet."

Dann prostete man sich zu und genoss das herrliche Getränk.

„Es gibt zwei Versionen von diesem Chartreuse, eine mit 40 Prozent und eine mit 60; diese ist die mit 60, aber ich finde … man schmeckt das gar nicht so, oder?"

„Dafür merkt man es aber in den Beinen", gab Richard zu, der befürchtete, schon nach dem ersten Glas beschwipst zu sein und am Ende nicht mehr aus dem bequemen Ledersessel herauszukommen.

„Sind Sie eigentlich verheiratet oder sonstwie fest gebunden?"

„Nein, wieso?"

Angela errötete, offensichtlich war ihr die Frage ihres Vaters an Richard äußerst peinlich.

„Nun", sagte Angelas Vater, „ich frage nur aus reiner Neugier. Ich bin sicher, dass ein netter junger Mann wie Sie … nun ja … Auf jeden Fall bin ich Ihnen überaus dankbar, dass Sie meiner Tochter geholfen haben. Das war äußerst nobel von Ihnen. Gentlemanlike eben. Das ist heutzutage nicht mehr selbstverständlich."

„Das finde ich auch", bestätigte Angelas Mutter, die Chartreuse nachschenkte. „Und als Frau darf ich Ihnen sagen, dass Sie nicht nur ein sympathischer junger Herr sind, sondern – verzeihen Sie mir meine Keckheit – ein Mann von angenehmer Erscheinung."

Jetzt errötete Richard.

„Dieser Meinung ist auch unsere Tochter …"

Angela wäre am liebsten im Erdboden versunken.

„Wir würden uns ausgesprochen glücklich schätzen, wenn wir Sie hier öfters sehen könnten, und auch ein Hotelbetrieb lässt ja wohl ab und zu mal ein wenig Freizeit zu, oder?"

„Äh … ja."

Richard Umständer sah in Angelas grüne Augen, die ihn erwartungsvoll anblickten.

„An mir soll's nicht liegen."

Dann tranken sie noch eine Runde Chartreuse.

Gegen Mitternacht begleitete Angela Richard zum Gästezimmer.

„Ich habe dich schon in der ersten Fahrstunde gemocht.“

Richard gab ihr einen sanften Gutenachtkuss.

„Ich dich auch … Ich dich auch …“

Bleibt noch zu sagen, dass die beiden kurze Zeit später geheiratet haben.

Tja – so bekommt man eine gräfliche Schwiegermutter.

Hubertus crasht in der Waschstraße

„Erklär mir das noch mal – ich glaub's einfach nicht."

Hubertus goss sich den dritten Obstler ein.

„Also, ich kaufe mir eine Marke für Waschprogramm zehn mit Unterbodenwäsche und Heißwachs und fahre los. Vor der Waschstraße kein Auto zu sehen. Also sag ich mir: Dann fahr mal rein."

„Gibt's da keine Ampel vor der Waschstraße?"

Hubertus zuckte mit den Schultern.

„Weiß ich nicht mehr."

„Hattest du deine Brille auf?"

„Witzig, witzig!"

„Und was hast du dann vor dir gesehen?"

Hubertus Kröpf blickte ziemlich unglücklich aus seinem Rollkragenpullover.

„Zwei große Rollen mit Quasten."

„Und – haben sich die Rollen gedreht?"

„Erst als ich durchfuhr."

„Und dann?"

„Dann hat's gekracht."

„Da stand also noch einer drin, in der Waschstraße?"

„Sozusagen."

STUMPP

„Aber, dann müssten sich die Rollen bewegt haben, bevor du reingefahren bist, oder?“

„Nein, denn der Waschvorgang als solches war ja abgeschlossen. Der andere wurde gerade trockengeföhnt.“

„Dumm gelaufen, Hubi.“

„Kann man so sagen.“

Er kippte den nächsten Obstler.

„Allerdings, das muss ich zugeben: Nur wenige Sterbliche bringen sowas.“

„Tja, wenn das aber mal alles wäre, dann ging's ja noch ...“

Dumm, dass Hubertus dem fast trockenen Auto einen Impuls versetzt hat, der den stehenden Wagen aus dem Zustand der Ruhe in den Zustand der beschleunigten Bewegung versetzte (Isaac Newton hätte seinen Spaß an dieser Formulierung gehabt), wodurch sich der Kühler dieses beschleunigten Autos durch die Glasscheibe bohrte, die sich noch nicht gehoben hatte, da der Föhnvorgang noch währte..

„Sag mal, mit wie viel bist du denn in die Waschstraße reingedonnert?“

„Guck ich aufs Tacho, wenn ich in eine Waschstraße fahre?“

„Na, so geschätzt reicht doch auch.“

„Vielleicht ... 30 ... Könnte aber auch mehr gewesen sein. Hatte halt keine Zeit.“

Das Drama der Neuzeit.

„Ach ja, dann ist da auch die ganze Anlage ausgefallen, weil wohl durch eine Kontakschaltung der komplette Strom abgeschaltet wurde."

Dadurch fiel auch (so erfuhr ich später) die Ampel vor der Waschanlage aus, wodurch ein weiterer Fahrer zu der Annahme verleitet wurde, die Waschanlage sei frei.

„Ja, dann rumste es von hinten noch mal."

„Auf dich?"

„Auf mich."

Jetzt goss ich mir einen Obstler ein.

„Oh, Hubi, das mit deinem Führerschein, das tut der Welt nicht gut … Das sag ich dir."

Mit dem Aston Martin unterwegs

Uwe war nervös wie ein Truthahn vor Weihnachten. Letztendlich fuhr er den Gegenwert eines Einfamilienhauses spazieren, die Reparaturen, würde er welche verursachen, würden gewaltige Summen verschlingen.

„Wir fahren nach Willich-Schiefbahn in den Märchenwald“, schlug Nina vor, die neben ihm saß.

„Gute Idee“, kam es vom Rücksitz. Eva und Nina waren fast immer einer Meinung.

Uwe schaltete vorsichtig in den zweiten Gang und beschleunigte. Hundert Schritt vor ihnen konnte er den Verteilerkreis ausmachen.

„Äh, Nina, wie ist das noch mal mit der Vorfahrt im Kreisverkehr?“

Nina traute ihren Ohren nicht.

„Ich dachte, du hast den Führerschein?“

„Uwe Pittermann starrte auf die Straße wie das Kaninchen auf die Schlange.

„Erinnere dich!“

Nina, die den Führerschein schon seit sechs Monaten hatte, schaute Uwe entsetzt an.

„Einfahrender Verkehr hat Vorfahrt – aber das müsstest du doch wissen!“

„Es sei denn, es steht ein Vorfahrt-achten-Schild davor, dann hat der Kreisverkehr Vorfahrt“, ergänzte Eva, die ebenfalls glückliche Besitzerin eines Führerscheins war.

Gott sei Dank erkannte Uwe das Vorfahrtsschild rechtzeitig und ließ den von links kommenden BMW vorbei.

„Muss ich mir um dich, beziehungsweise uns, Sorgen machen?“

Uwe schüttelte den Kopf. „War nur ein kurzer Aussetzer.“

Ohne den Blinker rechts zu setzen, verließ er den Kreisverkehr.

Das Auto, das hinter ihnen fuhr, hupte wild.

„Wieso hupt der Blödmann?“

„Er hupt, weil Uwe Pittermann es offensichtlich ablehnt, den nachfolgenden Verkehr von seinen Absichten zu informieren“, zischte Eva.

Uwe Pittermann errötete.

„Außerdem, lieber Uwe, kannst du hier ruhig 50 km/h fahren.“

Uwe beschleunigte ein wenig.

Kaum dreihundert Meter später wurde er durch einen dunkelroten Van durch dichtes Auffahren zum schneller Fahren genötigt. Am Steuer saß eine grimmig dreinblickende Frau um die 30 mit Kippe im Mund. Neben ihr und hinter ihr konnte man mehrere Kinder im Alter von zwei bis sechs erkennen.

„Oh Gott“, sagte Eva, „eine von diesen ewig unter Zeitdruck stehenden Kindertransportmüttern! Das hat uns noch gefehlt.“

Uwe überlegte kurz, dann beschleunigte er auf 55 km/h.

Der Kindertransporter klebte weiter im Abstand von einem Meter an ihm.

„Ist die wahnsinnig?!“

„Sowieso“, sagte Nina. „denn jetzt kommen alle 100 bis 200 Meter Ampeln.

Die hat eh nichts davon, wenn wir jetzt weiter beschleunigen. Und ganz nebenbei fahren wir ohnehin schon schneller als erlaubt.“

Der Van setzte jetzt vermehrt die Lichthupe ein.

„Die ist echt hartnäckig“, stellte Nina fest. „Macht sich einen tierischen Druck, weil sie ihre geliebten Kids zum Gitarrenunterricht bringen muss.“

„Oder zur Tennisstunde“, kicherte Eva. „Die transportieren die Blagen von morgens bis abends: zur Schule, zum Kinderkaffeekränzchen, zum Spielplatz, zur Reitstunde ... Dass nur ja keine Begabung irgendwie übersehen wird. Ätzend! Machen sich richtig zum Sklaven für die Gören.“

„Ich will keine Kids“, sagte Nina, „und sollte ich doch welche kriegen, können die selber sehen, wie sie zur Reitstunde kommen.“

„Dann wird's aber knapp, wenn die überall zu Fuß oder mit Fahrrad hin müssen. Denk mal an die wertvolle Zeit, die dabei verloren geht.“

„Genau, in der Zeit könnten sie ja noch eine Klavierstunde nehmen … hahaha …“

Alle drei lachten herzhaft und laut, während der Van jetzt auch noch lautstark die Hupe einsetzte. Die Fahrerin gestikulierte wild hinter dem Steuer.

„Arme Socke!“, sagte Eva. „Und was die alles rauchen muss, um das zu verkraften. Die macht sich gerade die Nächste an, und das vor den Kindern! Unglaublich!“

„Und wenn du mal bei Rot über die Straße gehst, wirst du von so einer angegeifert von wegen Vorbild und so.“

„Aber ihren Kindern zeigen, wie man andere nötigt, das kannse, das Vorbild.“

„Und heute Abend kommt ihr abgearbeiteter Alter nach Hause, will was Warmes zu essen und setzt sich dann vor die Glotze. Oder vernichtet Raumschiffe am PC.“

„Hauptsache die Kids sind glücklich. Hahaha.“

Die Ampel vor ihnen wechselte auf Rot um. Uwe Pittermann hielt an.

Offenbar zu ruckartig. Der Van kam mit kreischenden Reifen eben noch vor einem Crash zum Stehen.

Nina öffnete die Beifahrertür und stieg aus. „Die Ampel hier dauert, da habe ich Zeit, mal rüberzugehen.“

„Entschuldigen Sie, aber ich würde Sie gerne etwas fragen!“

Die Kindertransportmutter kurbelte die Scheibe herunter.

„SACH MAL LIEBER DEINEM MACKER, ER SOLL ENDLICH VORANMACHEN, DER DOOF! ICH HAB HEUT NOCH WAS ANDERES VOR!!“

„Was denn?“, fragte Nina mit nach wie vor höflichem Ton. „Die Kinder zur Reitstunde bringen?“

„DAS GEHT DICH NICHT DAS GERINGSTE AN, WO ICH DIE BLAGEN HINBRINGEN TU!!“

„Oder zum Klavierunterricht?“

„Ins Schwimmbad“, sagte der circa Dreijährige auf dem Beifahrersitz.

„Ah“, sagte Nina. „Und die wievielte Fahrt ist das heute schon für deine Mutti?“

„DU SACHST NICHTS!!“

In diesem Augenblick kurbelte die genervte Fahrerin die Scheibe hoch, gab Gas und raste (die Ampel war kurz vorher auf Grün umgesprungen) über den Bordsteig, auf dem sich zum Glück keine Fußgänger aufhielten, rechts an Uwe und Eva vorbei. Mit irrem Tempo brauste sie davon –, um eine knappe Minute später wieder vor Uwes Aston Martin an einer roten Ampel zu stehen.

Nina war inzwischen wieder eingestiegen. „Total bescheuert.“

Kaum sprang die Ampel auf Grün um, setzte die Van-Fahrerin zum Spurt an. Reifen quietschten.

Mit dem Ergebnis, dass sie hundert Meter später erneut halten musste.

Das Ganze wiederholte sich noch sechsmal, dann bog der Kindertransport links ab.

„Danke, lieber Gott!“

Eine Kreuzung mit ausgefallener Ampel kam näher.

„Wie war das noch mal: Kreuzung ohne Ampel?“

„Mein Gott, Uwe!“

„Bitte!! Sag’s!!“

Noch 100 Meter.

„Rechts vor links“, sagte Eva.

„Es sei denn, es ist ein Vorfahrtsschild davor, du großer Führerscheinbesitzer!“

Noch 50 Meter.

„Seht ihr ein Vorfahrtsschild?“

„Ich seh eins.“

„Wo?“

„Rechts“, sagte Eva.

„Sag mal –, hast du den Führerschein eigentlich in einer Lotterie gewonnen?“

Uwe Pittermann errötete.

„Äh … Ist halt noch alles so neu …“

Nina und Eva seufzten tief.

Dann überfuhren sie die Kreuzung. Und irgendwann kamen sie auch an. Kaum zu glauben.

Der Chauffeur

„Guten Morgen, Herr Minister!“

Jonas Pachulke war mit dem A 8 Dienstwagen wie jeden Morgen pünktlich vor der Flachdachvilla des Bundesaußenministers vorgefahren, hatte noch einmal kurz mit einem Staubwedel den Kühler poliert und sofort anschließend die Beifahrertür geöffnet.

„Guten Morgen, Jonas“, grüßte der Bundesaußenminister gut gelaunt, gab seiner Ehefrau einen Abschiedskuss und nahm neben Jonas Pachulke Platz.

„Na, Jürgen, gut drauf für die Abstimmung?“

Der Außenminister, der sich mit Jonas Pachulke, sobald sie unter vier Augen waren, duzte, nickte nicht besonders überzeugend.

Jonas Pachulke beschleunigte und bog mit dem dunkelblauen Gefährt in die alte Heerstraße, Richtung Berlin-Zentrum.

„Gibt ein paar Schwierigkeiten mit den Fundis, was?“

Die Frage war mehr rhetorischer Art – Jürgen Pachulke kannte sämtliche Interna um Jürgen Fischermanns Parteikollegen zur Genüge. Es gab Probleme zuhauf.

STUMPP

Fischermann kraulte seinen Kinnbart und grübelte.

„Eins sag ich dir, wenn das Ganze hier vorüber ist, mach ich drei Kreuze. Und meine letzte Legislaturperiode ist das allemal; da kannste Gift drauf nehmen."

Später fuhren sie gemächlich durch das herbstliche Berlin-Charlottenburg. Zur linken erstreckte sich die Schlossanlage, der der Stadtbezirk seinen Namen verdankte, und rechts stach der Wintergarten des Cafés Eosander ins Auge.

„Was meinst du, Jonas, wollen wir uns einen Cappuccino gönnen?"

Jonas nickte und bog in eine Seitenstraße, um die Staatskarosse zu parken. Währenddessen zog Jürgen Fischermann eine Sonnenbrille auf. „Muss ja nicht gleich jeder sehen, dass der Außenminister während der Dienstzeit Cappuccino trinken geht."

Sie wählten im „Eosander" einen Platz mit Blick zum Charlottenburger Schloss, wo bereits zwei Touristenbusse ihre Insassen entlassen hatten, allesamt behängt mit Camcordern oder Digitalkameras.

Hinter Jürgen Fischermanns Rücken blickte Jonas Pachulke auf eine reich ausgestattete Bücherwand. „Wow! Das ist ja fast wie bei Muttern."

„Richtig gemütlich", sagte der Außenminister und orderte bei der Kellnerin, deren Akzent auf polnische Herkunft deutete, zwei Cappuccino.

„Der Kaffee hier ist vom Feinsten, dafür lege ich meine Hand ins Feuer."

Einige Minuten später tranken sie die ersten Schlucke des herrlichen Getränks und genossen dazu Croissants mit Butter und Erdbeerkonfitüre.

„Na für dich ist es ja auch bald vorbei, Jonas, wenn ich mich recht entsinne."

Jonas Pachulke nickte zufrieden. „Ich gehe gleich sechs Monate nach dir."

„Tja", sagte der Bundesaußenminister, „dann wirst du ja meinen Nachfolger noch spazieren fahren dürfen. Hoffen wir, dass er wenigstens von meiner Partei ist."

„Ich werde dich vermissen, Jürgen."

Jürgen Fischermann zog die Sonnenbrille ein wenig nach unten. „Ich dich auch, Jonas. Und soll ich dir auch mal sagen wieso, weil du ein absolut dufter Typ bist. Ich darf gar nicht daran denken, was du alles über mich weißt, aber du hast nie irgendwas gesagt oder mich hängen gelassen. Ich wünschte, ich könnte mich auf irgendjemand anderen so verlassen. Nee, und wie du mir geholfen hast, als ich damals mit der Süßen im Café Paris … Mein Gott, ohne dich wäre das so was von in die Hose gegangen. Da gibt's gar nichts. du bist echt ein Freund."

Jonas Pachulke fühlte sich mächtig geschmeichelt.

„Übertreibst du nicht ein wenig?"

„Nicht die Bohne", sagte der Minister. „Und ich darf dir, wo wir schon dabei sind, noch ein Kompliment machen: Du bist ein erstklassiger Chauffeur. Du fährst besser als jeder andere."

Jonas Pachulke bestrich ein Croissant mit Butter.

„Nicht schlecht wenn man bedenkt, dass ich gar keinen Führerschein habe …“

„WAS?“

Dem Bundesaußenminister trieb es den Schweiß auf die Stirn.

„Du willst doch nicht allen Ernstes behaupten, ich meine, du hast doch einen Lappen vorgezeigt, als …“

„Gefälscht.“

Jürgen Fischermanns Augen weiteten sich unter der Sonnenbrille.

„Du fährst seit … (er rechnete) … gut 30 Jahren … Ich meine …“

„35“, korrigierte Jonas Pachulke. „35 Jahre – unfallfrei.“

Jürgen Fischermann bekam den Mund nicht mehr zu.

Jonas Pachulke biss herzhaft in das knusprige Croissant.

„Ich brauchte einen Job, hatte nichts gelernt und na ja, da habe ich halt die Stellenanzeige gelesen und mir gedacht, das wäre genau das Richtige für mich.“

Jürgen Fischermanns Stirn warf Falten. „Und du hattest noch keinen Führerschein, damals, und bist auch gar nicht auf die Idee gekommen, den regulär zu machen?“

„Ich war schon mehrmals durchgefallen.“

„Nee!“

„Und ob. Wobei, wie soll ich sagen, ich ja durchaus fahren konnte, aber das Problem war meine Prüfungsangst. Ich kann dir versichern, alles lag nur daran.“

Jürgen Fischermann orderte bei der Kellnerin, die auf den Namen Svetlavka hörte, zwei Cognac. „Den brauch ich jetzt ..."

„So kam es, dass ich mir gesagt habe: du kannst fahren, hast aber keinen offiziellen Lappen. Also habe ich einen Freund angerufen, der wieder einen Freund angerufen hat, und so weiter, bis dann irgendwann ein Freund dran war, der in Bonn-Plittersdorf eine Fälscherwerkstatt betrieb. Eigentlich war er auf Pässe spezialisiert, aber Führerschein wäre auch kein Problem, hat er gesagt, und schwupp! hatte ich einen." Jonas Pachulke grinste. „Heiß, nicht?"

Dann kamen die Cognacs, und Jürgen Fischermann schüttelte Jonas Pachulkes Hand, bevor sie sich zutranken.

„Du altes Schlitzohr!"

Jonas Pachulke grinste breit.

„Manchmal muss man halt flexibel sein."

Jürgen Fischermann lehnte sich zurück.

„Und das vertraust du mir so einfach an?"

„Ja", sagte Jonas. „Niemandem sonst würde ich das anvertrauen – außer dir. Und ich sage dir auch warum. Ich habe dir das erzählt, weil ich dir voll und ganz vertraue, und weil du für mich in erster Linie ein Freund bist. Du hast dich mir gegenüber immer fair verhalten, hast nie den Chef raushängen lassen, warst nie sauer, wenn ich mal ein paar Minuten später kam, und du hast mich im Krankenhaus besucht, als ich mir die Hüfte gebrochen hatte. Werde ich dir nie vergessen. Und was noch ganz wichtig ist, Jürgen: Du lügst nicht."

„Dafür würde ich meine Hand aber nicht unbedingt ins Feuer legen."

„Dann tue ich das eben. Denn ich kann durchaus unterscheiden, ob einer mit Herz dabei ist und den Menschen keinen Quatsch erzählt und bei dir bin ich mir da sicher."

Eine halbe Stunde später brachen sie auf.

Gerade als der Bundesaußenminister die Tür öffnete, winkte ihm Svetlavka noch zu. „Tschüss, Herr Minister!"

Die Sonnenbrillen, so schmunzelte Jürgen Fischermann vor sich hin, sind halt auch nicht mehr das, was sie mal waren.

Als sie in den Dienstwagen eingestiegen waren, wählte Jürgen Fischermann seinen Lieblingsradiosender, Radio 1, summte einen alten Hit von Blondie mit und genoss den Anblick des Brandenburger Tors.

Als Jonas Pachulke mit 10 km/h zu viel über die Straße des 17. Juni fuhr, gab ihm der Bundesaußenminister einen sanften Knuff in die Seite. „Fahr vorsichtig, Jonas, sonst musst du nachher den Grün-Weißen noch deinen Lappen zeigen ..."

Beide lachten immer noch schallend, als sie vor dem Reichtagsgebäude vorfuhren.

Der blaue Bus

„Na also“, sagte der Fahrlehrer und schüttelte Martin die Hand, „das war erste Sahne“

Der Bus stand sauber in dem Hangar, exakt ausgerichtet an der Frontlinie, die durch die Stoßstangen der anderen 19 Busse gebildet wurde, und hielt den korrekten Seitenabstand.

Martin tupfte sich die feuchte Stirn und schaute Herrn Meyer beim Ausfüllen des Führerscheinformulars zu.

„Finde ich ja klasse, dass Sie bei den Stadtwerken sofort anfangen können …“, nuschelte Herr Meyer während des Schreibens. „Da weiß man wenigstens, dass nichts umsonst ist, gelt? Wird dann auch ordentlich gefeiert?“

„Und ob“, sagte Martin Scheer. „Habe meine zukünftigen Arbeitskollegen schon eingeladen.“

Wie gut, dass ich wenigstens Kollegen habe, mit denen ich feiern kann, dachte er und beneidete andere Männer, die eine Frau oder Freundin hatten. Wie gerne hätte er ein ihm nahe stehendes weibliches Wesen angerufen und die freudige Nachricht mitgeteilt.

Und Susanne anrufen, nein das wollte er auch nicht, nicht schon drei Monate nach der Scheidung. Gut, dass

STUMPP

wir keine Kinder haben, tröstete er sich, obwohl er Kindern durchaus nicht abgeneigt gewesen wäre, aber Susanne hatte abgelehnt. Susanne machte Karriere in einem japanischen Konzern und rechnete jederzeit mit einer Versetzung in das Land der aufgehenden Sonne. Da war kein Platz für Nachwuchs.

Eine Stunde später feierte er ausgelassen mit seinen neuen Kollegen. Martin Scheer hatte Canapées besorgt, Unmengen an Sekt und Bier, und jetzt war das Buffet fast abgeweidet.

„Wenn es bei uns was umsonst gibt, dann hauen alle rein, als hätten sie seit Monaten gehungert, ehrlich Mann."

Martins Chef erwies sich als umgänglich, was den Eindruck bestätigte, den Martin bereits beim Bewerbungsgespräch gewonnen hatte.

„Du kriegst Linie 896."

„Danke, Herr Wilbert."

Herr Wilbert schmunzelte wohlwollend. „Ist für den Anfang das Beste, du fängst an der Station Messe an, dann geht es den Rhein entlang bis zu den Rheinterassen, über die Oberkasseler Brücke, Belsenplatz, Heerdt, Endstation: Kaarst Maubiscenter. Vielleicht fährst du die besser vorher mal mit dem PKW ab. Huhaha. Nicht, dass du nachher noch in Neuss landest."

Martin Scheer beschloss, den Tipp zu befolgen.

„Ach ja, erschrick mal nicht, wenn du deinen Bus siehst."

„Ist da was Besonderes dran?"

„Kann man so sagen. Er ist nämlich vollkommen blau. Genauer gesagt: ultramarin."

„Ohne Aufschrift?"

„Blau. Blau. Blau. Und ganz klein in weiß: ‚Ausstellung in der NRW-Kunstsammlung. Wege in die Moderne. Von 11.10. bis 07.01.'"

„Hat das auch einen bestimmten Grund?"

Max Wilbert konnte es erklären. „Eines der Bilder, das da gezeigt wird, heißt: ‚Monochrome blau'. Hat ein gewisser Yves Klein gemalt."

„Der hat ein Bild gemalt, das aus nichts anderem besteht als einer blauen Fläche?"

„So ist es."

„Und so ein, äh, Bild wird tatsächlich ausgestellt?"

„Frag mich was Einfacheres. Würd mal sagen: Wo nicht viel drauf ist, kannst du auch nicht viel falsch machen. Jedenfalls hat der Maler, dieser Klein, ordentlich was dafür einkassiert."

„Unglaublich."

„Für ein bisschen blau. Sonst nichts. Soll aber neun Monate gebraucht haben, bis er die Farbe zusammengemischt hatte."

„Wahnsinn!"

„Kollege Freitag hat übrigens, nur falls es dich interessiert, einen schwarzen Bus mit weißem Kreuz. Ist nach einem Bild von einem russischen Maler, Mallewitsch oder so ähnlich …"

„Wege in die Moderne". Martha Wissmann erzählte

Tim die Geschichte schon das 14. oder 20. Mal, sie wusste es nicht genau, Fakt aber war, dass Tim danach jedes Mal sofort einschlief. Und ein vierjähriges Kind braucht nun mal seinen Schlaf.

„Was ist dann noch mal, wenn der rote Bus kommt?"

Martha saß an Tims Bettchen und blickte in die riesigen blauen Augen ihres neugierigen Sohnes.

„Wenn der rote Bus kommt, wirst du später mal die Mädchen, nein, also … du wirst dann viele Menschen kennen, die gerne mit dir zusammen sind."

Wie sollte man einem Vierjährigen erklären, dass der rote Bus Glück in der Liebe bedeutete?

„Und der grüne Bus?"

„Dann, so sagt man, wirst du die ganze Welt sehen."

„Wie groß ist die ganze Welt?"

Martha musste wieder überlegen. Wie erklärt man einem Kind die Größe der Erdoberfläche?

„Sagen wir mal, der grüne Bus braucht ein ganzes Jahr, um sie zu umfahren."

Das Kind verfügte bereits jetzt, so stellte sie glücklich fest, über einen immensen Wissensdurst. Das sind die Gene deiner Mutter, dachte Martha. Von deinem Vater hast du immerhin die Augen geerbt, die Hände und die energische Kinnpartie. Wollen mal hoffen, dass du nicht auch so ein Macho wirst.

„Und wenn der blaue Bus kommt?"

„Wenn der blaue Bus kommt, Tim, und der kommt nur ein einziges Mal in deinem Leben, dann musst du unbedingt einsteigen. Denn der blaue Bus ist der Zauberbus, und wenn du mit dem fährst, wirst du immer Glück haben. Dein ganzes Leben lang."

„Was ist Glück, Mutti?"

Martha zuckte mit den Schultern. Vielleicht, dachte sie, wäre es Glück, wenn ich einen netten Mann kennen lernen würde. Einen Mann, der Kinder mag, der vielleicht auch mal eine Kleinigkeit im Haushalt mithilft, einen Mann, der …

Martin wollte die Strecke mit seinem Privat-PKW abfahren, war noch nicht ganz im Auto, als sein Freund Ingo anrief.

„Wir haben heute Training, Alter."

„Wieso das denn? Training ist doch immer Freitag, wieso …"

„Hast du das letzten Freitag nicht mitgekriegt? Die Halle bekommt doch einen neuen Boden, und das heißt: Training vorverlegen."

„Auf wann?"

„Auf wann? Auf heute! Mann, hau rein! Hier warten schon alle!"

„So ein Mist!", seufzte Martin. „Können wir nicht heute mal … ?"

Im Hintergrund hörte er Geraune.

„Okay! Ich komme!"

Martha und Tim standen an der Bushaltestelle Belsenplatz. Martha studierte den Fahrplan, während Tim nach dem Bus Ausschau hielt.

Martha spürte ein Ziehen an Ihrer Jacke.
„Was ist denn, Tim?"
Sie las noch.

„Der blaue Bus, Mutti … Der blaue Bus kommt …"
Konnte Tim schon schwindeln?
„Jetzt guck, Mutti! Guck!"
Abrupt drehte Martha sich herum. Den Bruchteil einer Sekunde später lief ein eiskalter Schauer an ihrer Wirbelsäule herunter. „Ich fass es nicht …"
Was ein Blau, ein Blau wie der Ozean, war Marthas erster Gedanke. Ein so irres dichtes Blau, mein Gott, dieses Blau ist magisch.

Sie stiegen hinten ein, gingen einige Reihen nach vorne und setzten sich hinter den Fahrer.
Dann schlossen die Türen.
„Mutti, werden wir jetzt immer ganz viel Glück haben?"
Martha musste unwillkürlich grinsen.
„So steht's geschrieben."

Martin wurde zunehmend nervös, als er die Haltestelle Gladbacher Straße in Neuss erreicht hatte. Verflucht, wie ging das noch mal nach Kaarst? Rechts abbiegen schien ziemlich sicher, aber dann? Gab es nicht zwei Wege nach Kaarst?
Doch Martins Gedächtnis meldete kein Ergebnis. Der Bus stand bereits seit zwei Minuten.
Martin zitterte wie Espenlaub.

H Belsenplatz
STUMPP

„Kann ich Ihnen helfen?“

Martin drehte sich nach hinten.

„Äh ...“

Die Frau sah ihn freundlich an.

„Falls Sie ...“

Der kleine Junge neben ihr blickte ihn mit großen Augen erwartungsvoll an. Dann sagte er zu seiner Mutter: „Ist das ein Zauberer?“

„Vielleicht“, beantwortete Martha seine Frage. „Nur zur Zeit habe ich das Gefühl, er hat seinen Zauberspruch vergessen ...“

Martin spürte zum ersten Mal etwas mit sich geschehen, dass er nicht erklären konnte, aber er war sich fast sicher, Musik zu hören ... Klaviermusik ... eine Chopin-Sonate.

„Wissen Sie vielleicht, wie ... ähäm ... zum Maubiscenter?“

„Pardon, aber kann das sein, dass Sie die Strecke zum ersten Mal fahren?“

Martin lief knallrot an.

Martha unterdrückte ein Lachen, setzte sich auf den Platz neben Martin, lächelte ihm ermunternd zu und sagte: „Kein Problem. Ich leite Sie hin, wenn ich darf.“

Martin atmete hörbar auf.

„Danke, danke vielmals!“

Martha studierte Martins errötetes Profil. Ein interessantes Profil, so war ihr Ergebnis, und wie schön, dass einer noch richtig rot werden kann. Ob er Klaviermusik mag?

„Gleich vorne rechts."

Als sie am Maubis-Center anhielten, verabschiedeten sie sich.

„Ganz schön viel für Sie, finde ich. Mal eben den Bus-Führerschein und schon die erste Fahrt …"

Martin stand auf und reichte ihr die Hand.

„Ich möchte Ihnen danken, von Herzen. Sie haben mich ganz schön gerettet."

Martha erwiderte seinen Händedruck.

„Bitte entschuldigen Sie, wenn ich Sie was ganz Dummes frage, aber mögen Sie Klaviermusik?"

Martin griff in die Seitentasche seines Mantels, der an einem Haken neben dem Fahrersitz hing, zog eine CD heraus und zeigte sie Martha. Rachmaninovs zweites Klavierkonzert.

„Mein Gott", sagte Martha zu sich selbst. „Sollte das etwa …"

„Ich liebe Klaviermusik über alles."

„Ich auch. Vor allem die russischen Komponisten."

„Auch Skrjabin?"

„Auch Skrjabin."

Jetzt war es an Martha rot anzulaufen. Nicht vor Scham, sondern vor Aufregung. Vielleicht stimmte die Geschichte ja, die mit dem blauen Bus.

War Martin vielleicht … ?

„Darf ich Sie auch was Dummes fragen? Beziehungsweise euch beide?"

„Nur zu."

„Ich würde euch ... äh ... gerne ... Interessiert ihr euch für moderne Malerei?"

„Ja, wieso?" (Jaaaaaaa!!)

„Weil ich halt, ich würde gerne mit euch auf die Ausstellung gehen."

Martha zog es fast den Boden unter den Füßen weg.

„Wollen wir, Tim?"

Tim nickte.

„Na dann", sagte Martha, „dann kann ich ja nicht nein sagen."

„Also, Ich heiße Martin. Und ihr?"

Später als sie vor dem neuen Kaarster Rathaus mit den futuristischen Aluminiumfassaden standen, zupfte Tim wieder an ihrer Jacke.

„Ist der Martin ein Zauberer?"

„Ja", sagte Martha, „Martin ist ein richtiger Zauberer."

„Toll. Obwohl er aber keinen schwarzen Hut auf hat."

„Tja", sagte Martha, „dafür kann er Musik zaubern."

„Wie?"

„Ich habe die ganze Zeit Musik gehört, während wir zusammen gefahren sind."

„Aber ich hab die Musik doch gar nicht gehört. Wieso du dann?"

„Das, das werde ich dir ein anderes Mal erklären ... Glaub's halt einfach mal."

Nach einiger Zeit.

„Findest du den eigentlich nett?"

„Och," sagte Martha und tat so, als müsse sie überlegen, „könnte man sagen."

Dann gab ihr Tim einen zärtlichen Knuff in die Seite, deutete auf das Eis-Café mit dem ovalen Grundriss und der komplett gläsernen Fassade und erinnerte Martha an den riesigen Eisbecher, den sie ihm versprochen hatte.

Hubertus Kröpf feiert

Wir saßen zu dritt in der BO 105, Hubertus, Stabsarzt Trübenbeck und ich. Über uns drehten die Rotorblätter.

„Bereit, ihr Vorwärtseinparker?“

Wir gaben ihm das Okay mit ausgestrecktem Daumen.

Hubertus funkte den Tower an, bekam GO und hob mit uns ab.

„Diesen Tag werdet ihr nie vergessen!“

Er sollte Recht behalten.

Der Helikopter beschleunigte und jagte in knapp 50 Metern Höhe über die holsteinische Landschaft. Dr. Trübenbeck zog einen Flachmann aus der Jackentasche und nahm einen kräftigen Schluck.

„Gegen die Flugangst, huhuhu.“

Ich nahm auch einen Schluck.

„Schon mal Achterbahn gefahren?“

Dr. Trübenbeck und ich schüttelten den Kopf.

„Dann ist jetzt das erste Mal!“

Hubertus ließ den Helikopter fast augenblicklich um 40 Meter abkippen.

Ich war sicher, wir würden auf einem holsteinischen Acker unser Leben aushauchen. Als Hubertus das ganze Teil nach oben katapultierte.

„HOHOHIHI!!“

Mein Magen hing im Hals, als Dr. Trübenbeck mir den Flachmann in die Hand drückte.

„Trink! Könnt dein Letzter sein!“

Kaum rann der Schluck durch die Speiseröhre, ließ Hubertus die Maschine über die Seite nach unten abkippen.

„NEIIIIIIINNNNN!“

Mir war kotzübel.

„IST ALLES OKAY! WIR ÜBEN DAS SO!“

Die Maschine stürzte rasend schnell Richtung Erde.

„YEEEAAAHHHHHH!!“

Ich schwöre, ich hatte in den näher rasenden Grasbüscheln bereits zwei Frösche ausgemacht, die zusammen mit mir in die ewigen Jagdgründe eingetreten wären, als Hubertus wieder auf Horizontalflug ging.

„Na, IHR KISTEN!! GEFÄLLT EUCH DASS?“

„Ja … (bibber) … jadoch …“

Die BO 105 schoss mit über 300 Sachen über das flache Gelände. Hubertus war in seinem Element.

„Du, Hubi, ähäm …“

„Was?“

„Da vorne …“

In etwa 500 Meter Entfernung zeichneten sich

bedrohlich die Konturen mehrerer Hochspannungsmasten ab, dazwischen die Starkstromleitungen, die in einer flachen Kurve durchhingen – etwa in der Höhe, in der wir flogen.

„Könnten wir da irgendwie vorbeifliegen, Hubi?"

„Wieso vorbei? Wir fliegen durch, hahaha!!"

Dr. Trübenbeck nahm einen tiefen Schluck aus seinem Flachmann. „Hätt ich doch bloß noch den zweiten mitgenommen!"

Noch 300 Meter.

Ich rechnete. Höhe von Stromleitung zu Boden geschätzt: 20 Meter. Höhe des Hubschraubers (mit Rotoren): fünf Meter. Wir könnten eine Chance haben mit 15 Metern Spielraum.

Wenn meine Schätzungen stimmten.

Hubertus Augen waren glasig.

„Mir wäre aber lieber, Hubi, wenn ..."

Noch 100 Meter. Meine Fäuste verkrampften. Ich wünschte, ich hätte Hubertus niemals kennen gelernt. Warum musste ich an dem besagten Abend auch ins Kasino gehen? Warum bin ich nicht wie andere schwimmen gegangen? Oder in die Disko? Sch...

„UND JETZT – ATTTACKKKKEEEE!!!"

Ich schloss die Augen.

„JAAAAAAAAAAA!!!!!"

Ich wartete auf mein Ende.

Gleich würde ich bei IHM sein.

Vielleicht gab es ja ein Weiterleben nach ... oder Wiedergeburt ..."

„MACH DIE AUGEN AUF, DU WARMDUSCHER!!"

Hubertus strahlte wie ein Honigkuchenpferd. Also lebte ich.

„Was willste, Mann? Hatten doch mächtig Platz, eh!"

Hatte ich es doch gewusst. Der Herr wollte mich noch nicht. Warum auch mich?

Ha. Wieso ausgerechnet mich?

„Und – wie fandet ihr das?"

„Cool," sagte ich. „Können wir gerne noch mal machen. Echt."

Hubertus riss die Maschine herum.

„WIE IHR WOLLT!!"

„NEEEIIINNNNNNNNN!!!!!"

Sylt

Max setzte sich ans Steuer, wartete, bis Nadja eingestiegen war, und startete.

„Fahr vorsichtig, du hast den Führerschein erst seit gestern."

Max grinste. „Ich hab den Lappen zwar erst seit gestern, aber fahren kann ich schon, seit ich 15 bin."

„Beruhigt ungemein. Hast du auch Landkarten dabei?"

Max scherte auf die Autobahn 23 ein und gab Gas.

„Ich bitte dich! Von Hamburg nach Sylt! Und das noch bei sonnigem Himmel, da braucht man doch keine Karte!"

„Wie du meinst."

100 Autobahnkilometer später (begleitet von Radio Schleswig-Holstein) wurde die Fahrt etwas eintönig. „Wir fahren über Land, was meinst du?"

Max war einverstanden, nahm die Ausfahrt Albersdorf und verringerte die Geschwindigkeit des Golf-Cabrios.

Anschließend führte ihre Route durch Albersdorf, dann Richtung Tellingstedt.

„Keine Sorge, Nadja, ich kann mit Hilfe von Uhrzeit

und Sonnenstand die Nordrichtung bestimmen. Ist total easy. Hab ich beim Bund gelernt."

Später bogen sie nach rechts ab, Richtung Wrohm.

„Bist du sicher?"

„Klar doch, den Weg kenn ich auch noch von einer Übung bei der Bundeswehr her."

Irgendwann standen sie an einer Kreuzung. Links führte die stark befahrene Straße nach Heide, rechts ging's nach Rendsburg. Norden war geradeaus, aber geradeaus führte nur ein Feldweg.

„Was meinst du?"

Nadja zuckte mit den Schultern.

„Rendsburg ist falsch. Heide wäre ein Umweg. Also: geradeaus."

Max gab Gas.

Sie fuhren über einen teils betonierten Feldweg, rechts und links an ausgedehnten Ackerflächen vorbei, die von meterhohen, mit dicht stehenden Sträuchern bewachsenen Erdwällen umsäumt waren, die man in Schleswig Holstein Knicks nennt.

„Gut, dass es noch hell ist. Also im Dunkeln, ich sag's dir ganz ehrlich, würde mir hier ganz schön die Düse gehen."

„Nicht nur dir!"

Eine Viertelstunde später kamen sie an einem Ortseingangsschild vorbei.

„Dellstedt … Bist du da schon mal durchgekommen?"

STUMPP

„Bis jetzt noch nicht."

Sie fuhren an den ersten Häusern vorbei. Dann an einem Möbelhaus, dem Dorfteich mit der danebenliegenden Grundschule, bis sie an eine Kreuzung kamen.

„Mein Instinkt sagt: links!"

„Dann fahr links."

Landwirt Johann Jürgenson stieg von seinem Traktor und erschrak ein wenig, als er ein dunkelblaues Golf-Cabrio mit Hamburger Autokennzeichen auf seinen Hof einbiegen sah.

Ein jüngerer Mann stieg aus, nahm die Sonnenbrille ab und ging auf ihn zu.

„Entschuldigen Sie bitte, wenn wir hier einfach auf Ihr Grundstück fahren, aber wir würden gerne nach Sylt – und ... äh ... zur Zeit wissen wir nicht so genau, wie wir da fahren müssen."

„Kein Problem, min Jung ..."

Während der Schäferhund des Landwirts, der auf den Namen Eika hörte, den Golf neugierig beäugte, erklärte Johann Jürgenson den Beiden den Weg. Den einfachen über Tellingstedt und den kürzeren durch die Felder.

Max entschied sich für den Feldweg, zumal die Spuren der Feldwege betoniert waren, und sie noch zwei Stunden Sonne hatten. Man bedankte sich und fuhr los.

Zwei Stunden später waren Max und Nadja wieder auf dem Hof.

„Äh ... Wir haben immer noch nicht ..."

Landwirt Johann Jürgenson lachte schallend. Dann

rief er nach seinem Sohn Ralf, der in der Hauptscheune junge Kälber tränkte.

„Mein Junge bringt euch hier raus. Ralf fährt euch voraus bis ihr an der Hauptstraße seid – aber erst in einer Viertelstunde, wenn die Kälber satt sind, solange werdet ihr ja warten können."

Max und Nadja nickten. Dann sprachen sie sich mit dem 19-jährigen Sohn des Landwirtes ab und gingen eine Runde um den Hof spazieren.

„Meinst du, wir sollten uns irgendwie erkenntlich zeigen?"

„Habe ich auch schon dran gedacht, vielleicht eine Spende in die Kaffeekasse oder so."

„Wir fragen ihn gleich mal …"

Ralf hatte die Kälber getränkt, die Eimer mit den zitzenförmigen Ausstülpungen, aus denen die Tiere die Milch säugten, eingesammelt und seinen Privatwagen aus einer Garage geholt.

„Immer schön hinter mir herfahren, okay!"

Nadja setzte sich schon in das Cabrio, während Max noch bei Ralf stehen blieb.

„Das ist total nett von euch, das alles, und ich würde mich gerne erkenntlich zeigen, ging das irgendwie?"

„Na klar!", sagte Ralf. „Lass mal 10 Euro rüberwachsen für den Landjugend-Verein."

Max zückte sein Portemonnaie. Eine Viertelstunde später befanden sich Max und Nadja wieder auf der Autobahn nach Norden, Richtung Sylt. Endlich!

„Das mit den Landausflügen, du Fahrschüler, das machen wir in Zukunft nur noch mit Karte, klar, Alter?"

Max seufzte und wechselte den Radiosender auf Delta-Radio um mitten in einem Schepper-Gitarrensolo von Ritchie Blackmore zu landen. „SMOKE ON THE WAAATTER …"

Zur gleichen Zeit betrat Ralf das Gebäude des Landjugend-Vereins Dellstedt.

„Hallo, Ralf!"

Die Stimme gehörte einem 18-jährigen Mädchen namens Imken.

Ralf begrüßte sie mit einem Wangenbussi, dann öffnete er seine Brieftasche und zog einen 10-Euro-Schein heraus.

„Spende an die Landjugend."

Imken strich die Banknote sofort ein.

„Wenn du so weitermachst, ist der neue Partyraum in ein paar Wochen finanziert."

Ralf ging zum Kühlschrank und mixte sich eine Lumumba.

„Wichtig ist, dass genug Touristen ins Dorf kommen, solange blüht das Geschäft."

Imken grinste. „Dann war das Pärchen mit Hamburger PKW-Kennzeichen, dass vor gut einer Stunde durch das Moor irrte, quasi, wie soll ich sagen, ein Opfer von euch?"

„Na na! Was heißt hier Opfer? Kann ich was dafür, wenn die unbedingt eine Abkürzung fahren wollen?"

„Eine Abkürzung, auf die sie selber gar nicht gekommen wären, oder?“

Ralf lachte schallend und nippte an dem Kakao-Rum-Mix.

„Nun ja, wenn die keine vernünftige Karte besitzen.“

„Jaja ... man darf halt nicht an der falschen Stelle sparen ...“

Als sie aus dem Fenster blickten, sahen sie einen Wagen mit Düsseldorfer Kennzeichen vorbeifahren.

„Aha“, sagte Ralf. „Die nächsten Sponsoren sind unterwegs. Wollen wir doch gleich mal hinterher ...“

Prüfungsangst

„Und Ihr Mann, wenn ich das mal so zusammenfassen darf, Frau Seyfert, ist bestens vorbereitet, strotzt an sich vor innerer Stärke, ist bei allerbester Gesundheit, intelligent, knapp 50 Jahre alt und hat sich endlich entschlossen, den Führerschein zu machen."

„So ist es."

„Und er hat tatsächlich Angst, durchzufallen?"

„Ja. Wenn ich's Ihnen doch sage."

Frau Marja Seyfert blickte in die graublauen Augen von Diplompsychologe Dr. Alfred Eigermann und meinte ein nervöses Zucken zu bemerken. Glaubte er ihr nicht?

Was war daran so ungewöhnlich, dass ein Mann mit 48 Jahren so etwas wie Prüfungsangst hatte? Heinz, dessen letzte Prüfung mehr als 20 Jahre zurücklag, schlief seit einer Woche nicht mehr, hatte bereits sechs Pfund abgenommen und wurde von Tag zu Tag nervöser.

Als sie ihn fragte, was los sei, hatte er ihr gestanden, dass er Zeit seines Lebens fast panische Angst vor Prüfungen gehabt habe und schon einige Prüfungen deshalb regelrecht versiebt habe. Mehrere Ärzte habe er deswegen bereits konsultiert, aber niemand habe ihm helfen können. „Ich weiß, dass ich durchfalle …"

„Also … irgendwie passt das zwar nicht zusammen, aber gut …"

Dr. Alfred Eigermann zündete sich eine Zigarette an, seine 15te heute – und es war erst Nachmittag, lehnte sich paffend zurück und konnte eben noch verhindern, das Gleichgewicht zu verlieren und samt Designersessel umzufallen. „HUCH!"

„Ihm liegt wahnsinnig viel daran, meinem Heinz, dass er endlich den Führerschein hat, das können Sie mir glauben, ehrlich."

„Aber mein Gott, wieso denn erst mit 48, Frau Seyfert?"

„Weil (sie nestelte an den oberen Knöpfen ihrer Strickjacke) – weil er auf dem linken Augen so gut wie nichts sieht und er zum Autofahren eine Brille tragen müsste; und das mag er halt nicht. Er ist da eben, wie soll ich sagen, äh, ein wenig eitel, mein Gatte."

„Eitel? Ich meine, jetzt nur in Bezug auf die Brille oder überhaupt?"

Marja Seyfert überlegte. War Heinz eitel? Was ist überhaupt „eitel"?

„Nein. Ich glaube, grundsätzlich ist er nicht übermäßig eitel. Es ist wirklich nur wegen der Brille. Er glaubt, dass die ihn älter aussehen ließe. Und das will er nicht."

„Aber jetzt hat er sich entschlossen, doch eine zu tragen?"

„Hat er. Aber nur zum Autofahren."

„So so …" Dr. Alfred Eigermann begann Däumchen

zu drehen, bei ihm ein Zeichen höchster Konzentration (und das Ganze mit brennender Zigarette).

„Nichtsdestotrotz müssen wir uns ja wohl mal um seine Prüfungsangst kümmern, wäre ja zu schade, wenn er den Führerschein nicht bekommen würde, nicht?"

Er rauchte seine Zigarette auf, drückte sie in einem gläsernen Aschenbecher aus und trug die Zahl 15 in seinen Tageskalender ein. Für heute muss es die Letzte sein, nahm er sich vor.

Frau Marja Seyfert entspannte sich und schlug ihre Beine übereinander.

„Haben Sie denn schon eine Idee?"

„Es gibt in diesem Fall, den wir als nicht überkritisch betrachten sollten, zwei sehr probate Methoden, die – zumindest kurzfristig – beachtliche Erfolge aufweisen, so die Erfahrung. Und, soviel darf ich Ihnen versichern, gar nicht teuer oder langwierig. Eher ambulant."

Dr. Eigermann zog seine leicht gelockerte Krawatte hoch und beugte sich vor.

„Man könnte sagen: Naturmethode. Quasi keine psychiatrische Behandlung im klassischen Sinne, nein, es ist irgendwie eine Art Mutprobe."

„Mutprobe?"

„Grob vereinfacht formuliert. Also, wenn ich kurz mal erläutern darf, wird der Klient, in diesem Fall ja Ihr Ehemann, durch ein spezielles Erlebnis ..."

Frau Marja Seyfert lauschte der sonoren Stimme des Psychologen eine knappe Viertelstunde und kam aus dem Staunen nicht mehr heraus.

„… wobei die Methode mit der Giftschlange, die er mit bloßen Händen, na Sie wissen ja, also die …"

Auf keinen Fall, entschied Marja Seyfert; die Giftschlangenaktion schied von vorneherein aus. Was aber nicht hieß, dass sie nicht an die Wirkung der Methode glaubte – immerhin war Dr. Alfred Eigermann eine anerkannte Kapazität und hatte schon dem einen oder anderen Verwandten oder Bekannten äußerst erfolgreich geholfen.

„Wir nehmen auf jeden Fall die zweite Methode."

Dr. Eigermann strahlte. „Genau die hätte ich auch bevorzugt. Sehr gute Wahl, Frau Seyfert."

„Wann?"

Dr. Eigermann überlegte kurz. „Am besten relativ kurz davor, sagen wir mal zwei, drei Tage vor der Prüfung, damit's (er grinste feist), hoho, noch richtig wirkt."

Anschließend besprachen sie die Details, wobei sie den Termin der Therapie auf Mittwoch legten. Freitags war Führerscheinprüfung.

„Ich regel das alles von hier aus, Frau Seyfert, wichtig ist nur, dass Ihr Mann um 14.00 Uhr in Erwartung eines Sightseeing-Fluges über das schöne Brandenburg pünktlich auf der Matte steht."

„Geht klar, doch wie verkaufe ich ihm das am besten?"

„Erzählen Sie ihm einfach, eine Bekannte hätte den Flug in einer Lotterie gewonnen, könne ihn aber aus terminlichen Gründen nicht wahrnehmen und da hätte sie Ihnen das Ticket angeboten, bla bla bla. Und, da können Sie mir und meinem Team voll und ganz vertrauen, hihi, wir gehen da ganz subtil vor, also merken tut der nichts, dafür bürge ich, so klappt das."

Gegen 17.00 Uhr verließ Marja Seyfert die elegante Praxis des Diplompsychologen in Berlin-Mariendorf voll guter Dinge. Erstens hatte sie Vertrauen in die spezielle Therapie und in Dr. Eigermann ganz besonders, und zweitens würde Heinz dann in einer knappen Woche den Führerschein haben. Und dann könnten sie sich auf der geplanten Autoreise nach Portugal beim Fahren ablösen, eine echte Erleichterung auf den gut 2 500 Kilometern. Das war eine kleine Investition von 800 Euro durchaus wert, soviel war sicher. Oder, wie der Berliner sagt: Von nischt kommt nischt.

Es war ein sonniger Tag.

Heinz Seyfert war pünktlich am vereinbarten Ort (seine Ehefrau hatte ihn hingefahren) und brauchte nicht lange auf sein Abholkommando zu warten.

Die beiden Herren stellten sich vor, und Heinz stieg voller Erwartung in den Range Rover.

„Na dann, auf zum Flugplatz", sagte Herr Semmelberg, der den Range Rover steuerte.

Später fuhren sie über einen unbefestigten Feldweg, gut 30 Kilometer außerhalb Berlins.

„Wie sieht es aus, große Vorfreude?"

Heinz Seyfert verkniff sich die Antwort. Stattdessen zündete er sich eine Zigarette an.

Der Mann hinter Heinz Seyfert blickte stur zur Seite und sagte kein einziges Wort. Semmelberg grinste währenddessen und spielte an den Knöpfen des Radios.

„Besser was Ruhiges, ich mach was Klassisches."

Wenige Minuten später lauschten sie Tschaikowskys drittes Klavierkonzert. Semmelberg pfiff einige Passagen (zum Leidwesen aller) mit.

„Tja, wie soll ich sagen, Sie sind ja wohl ein richtiger Glückspilz, Herr Seyfert. Solche Flüge sind ja nicht gerade billig."

Heinz Seyfert spürte plötzlich einen starken Harndrang.

„Können wir mal anhalten?"

„Was ist los, vertragen Sie die Zigarette nicht?"

Heinz Seyfert schüttelte den Kopf.

„Hätte nicht so viel Kaffee trinken sollen."

Semmelberg lachte und hielt an.

Der Weg war beidseitig von hohen Kiefern gesäumt, dahinter endloses Gestrüpp. Typisch Brandenburg, ging es Heinz Seyfert durch den Kopf. Dazu blass-blauer Himmel.

„Wir werden Spaß haben, das ist sicher", sagte Semmelberg, als sie wieder losfuhren.

Dann riss er das Steuer herum und bog in eine einspurige unbefestigte Straße ein, die parallel zu einem hohen Drahtzaun verlief. In der Ferne sah Heinz Seyfert die Konturen von Hangars und parkenden Flugzeugen. Und gleichzeitig bekam er Magengrummeln.

Sie fuhren durch ein unbewachtes Tor und zu einer abgelegenen Ecke des weitläufigen Flugplatzes, wo ein einzelner Hangar stand, fast wie ein Ausgestoßener.

Ein zweimotoriger Hochdecker stand auf dem betonierten Vorfeld vor dem Hangar und Heinz Seyfert wurde schlagartig klar, dass er in wenigen Minuten in der Maschine sitzen würde.

„Fliegen Sie gerne?“, fragte Semmelberg, der den Range Rover abgestellt hatte und einen prüfenden Blick in den Himmel warf.

Heinz Seyfert versuchte ein selbstbewusstes Grinsen.

„Im Prinzip ja, auch wenn die Flugzeuge mit denen ich bisher geflogen bin, etwas moderner waren.“

„Umso besser. Dann folgen Sie uns mal.“

Heinz Seyfert und der Beifahrer folgten Semmelberg in die kühle Dunkelheit des Hangars.

Sie polterten eine Metalltreppe hoch zu einem Büroraum, der auf dem Steg über ihnen lag.

Semmelberg winkte Heinz Seyfert zu einem langen Tisch mit einer Reihe dicker, klobiger Fallschirmsäcke darauf, deren ausgebreitete Gurte den schlaffen Armen von Tintenfischen ähnelten.

„Wir müssen alle welche tragen. Ist bei uns Sicherheitsvorschrift.“

Sehr großzügig, dachte Heinz Seyfert, denn die alte Maschine machte auf ihn nicht unbedingt den vertrauenserweckendsten Eindruck.

Er schob die Arme durch die Schultergurte des Fallschirms und beugte sich vor, um die Bauchgurte festzuzurren. Semmelberg und Alex, der Beifahrer, halfen ihm dabei.

Dann gingen sie die Metalltreppe herunter, während ihre Schritte in dem menschenleeren Hangar hallten. Heinz Seyfert folgte den beiden in den brandenburgischen Sonnenschein hinaus zu dem Flugzeug, in dessen Seitenwand eine große Lücke klaffte. In Ermangelung einer Treppe hielt er sich an den Rändern der Luke fest und zog sich hinein. Er begann leicht zu zittern.

Wieso, dachte er, hat das Flugzeug diese Seitenöffnung?

Die Einrichtung des Flugzeuges war alles andere als luxuriös. Zwei Reihen Schalensitze, ungepolstert. Semmelberg und Alex schoben sich an Seyfert vorbei und gingen ins Cockpit.

Dann nahmen sie Platz und tätigten einige Handgriffe an den Armaturen. Ein Anflug von Klaustrophobie überkam Heinz Seyfert.

Die Motoren sprangen hustend an, dröhnten laut auf und ließen die Maschine erzittern. Dann machte das Flugzeug einen Satz nach vorn.

Heinz Seyfert betete ein „Vater unser“. Interessant, so meldete sein Unterbewusstsein, dass im Augenblick der Angst selbst eher unreligiöse Menschen sich auf den Glauben besinnen.

Semmelberg und Alex hatten Kopfhörer aufgesetzt und redeten mit dem Tower. Die Luke war aus welchen

Gründen auch immer offen geblieben. Heinz Seyfert stellte fest, dass auch gar keine Tür vorhanden war. Es würde kalt werden. Gut, dass er die Daunenjacke angezogen hatte.

Der Tower gab den Flug frei. Dann raste die Maschine los und hob bereits nach kurzer Strecke ab. Semmelberg grinste Heinz Seyfert vom Cockpitsitz aus an.

„Bereit?“

Heinz Seyfert zuckte zusammen.

Dann waren sie in der Luft. Heinz Seyfert schaute aus dem Fenster und realisierte, dass der Flugplatz unter ihnen zurückfiel, sämtliche Gegenstände am Boden schrumpften auf Miniaturgröße. Das brandenburgische Land breitete sich grün und dicht bewaldet unter dem wolkenlosen Himmel aus, während das Motorengeräusch zu einem grollenden Brummen anschwoll.

Etwa eine Stunde lang stiegen sie stetig. Heinz Seyfert schätzte auf 3 000 Meter.

Fast begann er das Ganze zu genießen.

Dann, plötzlich, wie aus heiterem Himmel, ging das Flugzeug in den Sinkflug über und rutschte straff nach links weg. Heinz Seyfert wurde heftig gegen die gekrümmte Wand des Rumpfes gedrückt. Er begann heftig zu atmen. „Verfluchter Mist!“

Einen Augenblick später zog das Flugzeug kerzengerade hoch, wobei Heinz Seyfert in den Sitz gepresst wurde. Er fühlte sich mindestens dreimal so schwer wie sonst. Er spürte wahnsinnigen Druck auf seinen Augen, während er weiter nach Luft japste.

Die Maschine stieg weiter, schwankte hin und her und legte sich auf den Rücken. Heinz Seyfert spürte, wie alle Schwere von ihm abfiel – er hing förmlich in seinen Gurten, er wog jetzt so gut wie nichts mehr.

Urplötzlich ging das Flugzeug wieder in den Sinkflug über und das Gewicht kehrte zurück, schwer und drückend, als die Maschine mit kreischenden Motoren auf einen der Hügel zuraste. Heinz Seyfert hätte geschrien, wenn er gekonnt hätte, doch ihm blieb abermals die Luft weg.

Dann, eine knappe Minute später, fing sich die Maschine, die Motoren schnurrten sanft und die Welt war wieder heil.

„Wie fanden Sie die Loopings?" Semmelberg grinste ihn an.

Heinz Seyferts Gesicht war gelb. Er sagte nichts.

„Haben Glück gehabt, dass die Tragflächen heil geblieben sind, ha!"

Heinz Seyfert kämpfte mit seinem rebellierenden Magen. Jedenfalls wusste er jetzt, warum sie Fallschirme mitgenommen hatten – und, dass er es nicht mit einem Sightseeing-Flug zu tun hatte.

Sie flogen eine weitere Viertelstunde friedlich dahin (ohne Luftakrobatik) und ohne jegliche Unterhaltung, als Semmelberg Alex das Steuer übergab, seinen Sicherheitsgurt löste und aufstand. Er kam durch den Gang auf Heinz Seyfert zu.

„Verdammt eng hier, was?“

Hätte das Flugzeug geschwankt, wäre Semmelberg auf der Stelle rausgeflogen, wenn auch mit Fallschirm. Semmelberg hielt sich an einer dünnen Metallstange fest, die an der Kabinendecke entlanglief, nur einen Schritt von der offenen Luke entfernt. Heinz Seyferts Herz raste.

Semmelberg gab ihm ein Zeichen, aufzustehen und zur Luke zu kommen.

Heinz Seyfert spürte einen Knoten im Magen. Alles in ihm sträubte sich, dort rüberzugehen.

„Sie wollen doch jetzt nicht kneifen – oder? War doch im Preis inbegriffen!“

„Äh … Aber …“

Eine innere Stimme sagte: „Heinz Seyfert! Verdammt! Steh auf!“

Heinz Seyfert erhob sich zaghaft. „Muss das sein?“

„Aber sicher!“

Das Flugzeug schlingerte ein wenig; sofort umklammerte Heinz Seyfert die Stange mit beiden Händen.

„Sie werden springen! Und wenn nicht freiwillig, dann helfe ich eigenhändig nach!“

Semmelberg drückte ihm einen Helm mit getöntem Glasvisier in die Hand.

„Ich … äh … bin noch nie …“

Semmelberg nickte. „Einmal ist immer das erste Mal!“

Heinz Seyfert setzte den Helm auf, fast hastig, und schnallte ihn unter dem Kinn fest. Denn er war sicher, ein Zurück kam nicht in Frage. Semmelberg starrte ihn an wie die Schlange das Kaninchen.

„Sie müssen an dem D-Ring ziehen, sobald Sie draußen sind und 20 Sekunden abgezählt haben. Auf keinen Fall früher!“

Heinz Seyferts linke Hand hielt weiter die Stange umklammert, während die rechte Hand fast blind (der Helm nahm ihm die Sicht nach unten) nach dem D-Ring suchte, der den Schirm öffnen würde.

Semmelberg gab ihm einen gutgemeinten Knuff. „Immer dran denken – Sie kriegen's kostenlos. Andere bezahlen da eine Menge Kohle für!“

Heinz Seyfert fühlte das eiskalte Metall des D-Rings, was ihn aber nicht wirklich beruhigte.

„Ich mache die Aufziehleinen oben an der Stange fest. Der Fallschirm öffnet automatisch. Absolut easy. Okay?“

Heinz Seyfert nickte. In seinen Eingeweiden wühlte unterdessen eine Schraube.

„Sie steigen aus und zählen bis 20, verstanden? Wenn der Schirm sich bis dahin nicht geöffnet hat, ziehen Sie den Ring, klar?“

Heinz Seyfert nickte. Er war kurz davor, sich zu übergeben.

„Ich springe dann gleich hinterher. Sollte was schief

gehen, werde ich Ihre Frau benachrichtigen, Sie müssen sich also keine Sorgen machen, hahaha ..."

„Danke. Danke. Danke."

Heinz Seyfert schluckte schwer, er stand unmittelbar an der Luke. Der Erdboden schien unendlich weit weg zu sein. Semmelberg stieß ihn an. Und Heinz Seyfert sprang.

Nichts. Kein Geräusch, nur Kälte. Und Wind, der an ihm vorbeibrauste. Er hatte das Gefühl, als würde er träumen. Das Flugzeug war irgendwo hinter und über ihm verschwunden, während der Boden unter ihm näher kam.

Dann ein Ruck und ein Knall.Vorsichtig blickte er nach oben und nahm beruhigt zur Kenntnis, dass sich der Fallschirm geöffnet hatte. „Danke, lieber Gott!"

Er trudelte und drehte sich träge. Schweben. Im Nichts hängen, absolut losgelöst. Allein. Frei. Es war wunderbar. Er hing in den Gurten und sank der Erde sanft entgegen.

Das Herz hämmerte ihm in den Ohren. Und plötzlich war er enttäuscht. Denn gleich würde er landen und dann war das wunderbare Gefühl Vergangenheit. Er hatte im Schrecken eine eigenartige Schönheit entdeckt.

„Ich habe es getan! Ich bin tatsächlich gesprungen! Wow!"

Und Heinz Seyfert spürte, wie ihn eine bis dahin unbekannte Kraft durchströmte.

Er schlug hart auf, überschlug sich zweimal und stand schwerfällig auf. Seine Knie zitterten. Plötzlich war Semmelberg neben ihm, zog an den Leinen und nahm den Fallschirm auf. Heinz Seyfert stützte sich an Semmelberg ab und schlüpfte aus den Gurten. Das Flugzeug kreiste träge über ihnen.

„Na also, Mann!"

Semmelberg klopfte ihm anerkennend auf die Schultern, dann drückte er ihm den verpackten Fallschirm in die Hände.

„Wollen Sie noch mal?"

Heinz Seyfert glaubte, er höre nicht richtig, als er sich selbst sagen hörte: „Klar doch."

Semmelberg grinste breit. „Meinetwegen. Ist im Preis inbegriffen … Hihihi …"

Das Flugzeug kam mit ausgefahrenen Klappen und hustendem Motor herunter, setzte sanft auf und wirbelte enorme Staubwolken auf.

„Dann mal los!"

Heinz Seyfert stapfte hinter Semmelberg her und lachte innerlich. „Das glaubt mir keiner …"

„Hätten Sie eigentlich Lust, die Maschine mal zu fliegen? Ist gar nicht so schwierig, kleine Einweisung vorausgesetzt."

Heinz Seyfert sagte abermals: „Ja."

Er war sich absolut sicher, dass er die Maschine noch an diesem Tag fliegen würde. Seit ein paar Augenbli-

www. ralf-stumpp.de

cken fühlte er sich unverwundbar. „Ich kann alles – wenn ich will. UND ICH WILL."

Frau Marja Seyfert erkannte ihren Ehemann nicht wieder.

„Und, Heinz, noch Angst vor der Führerscheinprüfung?"

Heinz Seyfert prustete vor Lachen. „Ich? Angst? Nie gehabt!"

Marja Seyfert hob ihr Glas.

„Auf Dr. Eigermann!"

Sie tranken Champagner.

„Ist dieser Typ eigentlich der Urheber dieser Idee mit dem Sprung?"

„Ist er."

„Der ist echt gut."

Marja füllte die Gläser aufs Neue.

„Mal ganz nebenbei: Würdest du auch eine schlafende Giftschlange aus einem Terrarium greifen?"

„Wieso?"

„Ach, nur so ..."

Einen Tag später war Heinz Seyfert glücklicher Besitzer des Führerscheins. Und als nächstes würde er den Flugzeugführerschein machen – immerhin hatte er die Maschine ja schon mal geflogen. Wäre doch gelacht. Doch erst mal würde er noch ein paar Sprünge machen. Das Feeling war einfach zu gut. Vor allem: das Feeling danach.

Idiotentest

Heinrich Morsbach erschien pünktlich. Genauer gesagt: fünf Minuten vorher. Das gehörte sich so. Er suchte sich einen Platz in der zweiten Reihe, begrüßte ein paar Bekannte und breitete sein Schreibmaterial auf dem hölzernen Pult aus.

„Mein Gott“, dachte er bei sich. „Ich bin mit meinen 65 noch nicht mal der Älteste hier …“

Er war gespannt, aber nicht nervös. Immerhin musste der Test nach Hörensagen dermaßen einfach zu bewältigen sein, dass sogar völlig Unterbelichtete eine Chance hatten. Das Ganze hieß ja nicht umsonst Idiotentest.

Und sollte er doch durchfallen, na ja, dann würde Liesel ihn halt weiterkutschieren müssen. Das Dumme war nur, dass Liesel mit 68 auch nicht mehr die Jüngste war und ihre Reaktionsfähigkeit im Straßenverkehr in letzter Zeit bedenklich nachließ. Konnte gefährlich werden auf weiten Strecken.

Punkt 9.00 Uhr erschien Klaus Roger, der angekündigte Prüfer.

„Guten Morgen, meine Damen und Herren. Ich begrüße Sie recht herzlich zum Test und hoffe, dass Sie heute Mittag alle im Wiederbesitz Ihres Führerscheins sind. Zu Ihrer Beruhigung: Die Durchfallquote bei solchartigen Tests ist extrem niedrig. Aber – sie ist nicht Null! Hahaha."

Heinz Morsbach schob sich ein Hustenbonbon in den Mund und wünschte, es wäre bereits vorbei. So langsam, aber sicher, bekam er Hunger.

Klaus Roger kramte eine Liste heraus und rief die einzelnen Teilnehmer, es waren sechs, der Reihe nach auf, worauf diese mit einem knappem „Ja!" reagierten und ihren Personalausweis vorzeigten (könnte ja jemand auf die Idee kommen, einen anderen für sich antreten zu lassen).

„Okay, das hätten wir."

Er legte die Liste beiseite und nahm ein DIN A 4 Blatt in die Hand.

„An dieser Stelle darf ich Sie mit den neuen Prüfungsbedingungen vertraut machen – und eins darf ich Ihnen jetzt schon versprechen: Sie werden Spaß haben."

Heinz Morsbach stutzte. Keine Testbögen mit Multiple-Choice? Mein Gott!

Klaus Roger machte eine ausladende Handbewegung. „Jeder von Ihnen muss insgesamt drei von fünf Fragen richtig beantworten. Dabei haben Sie vier mögliche Antworten zur Auswahl, von denen aber nur eine – und nicht zwei oder drei – richtig ist. Sie haben zwei Minuten für jede Antwort. Vorsagen ist nicht …"

Klingt wie ein Quiz, dachte Heinz Morsbach. Na ja, vielleicht ist es auch so lustig.

„Sollte Ihnen die richtige Antwort nicht einfallen, können Sie einen von drei Jokern setzen. Nach Setzen des Jokers gilt dieser als verbraucht. Sie können auch mehrere Joker bei einer Frage verbrauchen …“

Das durfte doch nicht wahr sein! Die spielen: „Wer wird Milionär“. Wenn ich das Liesel erzähle – das glaubt die mir nie!

„Sie können wählen zwischen dem Fifty-fifty-Joker, dem Publikumsjoker, und Sie können jemanden anrufen. Am besten, soviel als Tipp, jemand der gebildet ist …“

Original gekupfert, lachte Heinz Morsbach in sich hinein. Die scheuen vor nichts zurück.

„Sobald Sie sich für eine Antwort entschieden haben, sagen Sie diese deutlich. Dann heißt es für Sie: entweder falsch oder richtig. Bei richtig bekommen Sie einen von den erforderlichen drei Mindestpunkten, bei falsch bekommen Sie, logo a gogo, keinen.“

Schien ein Scherzbold zu sein, dieser Roger.

„Darf ich annehmen, dass ich das allgemein verständlich erklärt habe?“

Allgemeine Zustimmung.

„Dann geht's jetzt los.“

Er nahm einen Fragebogen in die Hand und rief Hans Muttlu auf.

„Also, Herr Muttlu. Bereit?“

Hermann Muttlu nickte schüchtern.

„Beantworten Sie uns die nächste Frage richtig (Klaus Roger senkte seinen Blick auf den Fragebogen): Wie heißt die Hauptstadt von Australien?

Ist es
a) Sydney,
b) Perth,
c) Melbourne;
oder ist es
d) Canberra?“

Hermann Muttlu entschied sich spontan.

„Äh … Sydney.“

Klaus Roger grinste feist über beide Wangen.

„Na na! Sind wir denn da auch ganz sicher?“

Hermann Muttlu schaute absolut ungläubig. „Wieso?“

„Weil … nun ja … (Klaus Roger kratzte sich am Kinn) nun … Aber ich sag ja gar nichts.“

Hermann Muttlu rutschte auf seinem Stuhl unruhig hin und her.

„Dann setze ich vielleicht doch lieber einen Joker, wenn's geht.“

„Welchen denn?“

„Äh … Also, dann möchte ich das Publikum befragen.“

Klaus Roger machte auf dem Fragebogen ein paar Notizen.

„Okay, Herr Muttlu. Wir befragen die Anwesenden. Also, meine Damen und Herren, wie heißt die Hauptstadt von Australien?“

Das Ergebnis war alles andere als eindeutig: drei für Sydney, zwei für Melbourne.

„Nun, Herr Muttlu, wie lautet Ihre Entscheidung?“

„Ich bleibe bei Sydney.“

„Tja“, seufzte Klaus Roger, „Den Joker hätten Sie sich sparen können, denn auch das Publikum hat falsch entschieden. Pech, Herr Muttlu. Die Hauptstadt von Australien heißt nämlich Canberra.“

Allgemeines Gemurmel im Raum.

„Kopf hoch, Herr Muttlu, Sie haben noch vier Fragen und zwei Joker. Ist alles noch offen, haha.“

Klaus Roger wandte sich Hermann Morsbach zu. „Na, wie wär's?“

„Nur zu.“

„Eine Frage aus der deutschen Literatur – wer schrieb ‚Der Zauberberg‘?

War es

a) Thomas Mann,

b) Heinrich Mann,

c) Klaus Mann

oder

d) Golo Mann?

Zeit läuft. Hahaa, soviel darf ich Ihnen verraten, ein Mann war's auf jeden Fall, huha.“

Heinz Morsbach begann in seinem Gedächtnis zu kramen. Doch so sehr er auch kramte – er fand nichts.

„Tja … äh …“

„Das ist nicht richtig. Es war weder „tja“ noch „äh“,

Herr Morsbach, Sie müssen schon mit den vier vorgegebenen Möglichkeiten vorlieb nehmen. Sorry!"
„Äh … da möchte ich jemanden anrufen, wenn's geht."

Klaus Roger schlug die Hände zusammen.
„Aber natürlich geht das. Selbstverständlich geht das. Wen möchten Sie denn anrufen?"
„Meinen Enkel Kevin."

Klaus Roger pfiff durch die Zähne. „So so. Den Enkel. Hat der denn auch Abitur? Oder ist er literaturkundig? Sie wissen ja – man kann bei der Jugend heute ja auch nicht mehr sicher sein, gell, wir haben's ja gerade erst gehört, Sie wissen, die PISA-Erhebung. Deutsche Schüler ganz hinten im internationalen Vergleich. Da spielen Sie sehr gewagt, Herr Morsbach."
Heinz Morsbach brach kalter Schweiß aus. Wieso habe ich eigentlich die Vorfahrtsregeln gebüffelt, hätte ich mal besser Lexika gewälzt …
„Also, ich will ihn trotzdem anrufen." Liesel würde es eh nicht wissen; die liest ab und zu mal einen Roman von Hera Lind oder von dieser Pilcher, und davon hieß keiner „Zauberberg" oder so. Eher: „Berg der Versuchung". Oder vielleicht: „Auf dem Gipfel der Leidenschaft". Mein Gott! Heute Abend würde er seiner Frau vielleicht was erzählen.
„Die Nummer ist 2321215. Bitte."
Klaus Roger wählte und reichte Hermann Morsbach den Hörer. „Toi! Toi! Toi!"

„Hallo, Kevin. du musst mir jetzt unbedingt mal helfen. Weißt du vielleicht zufällig, wer den ‚Zauberberg' geschrieben hat? ... DER ZAUBERBERG ... UND MANN HEISST ER MIT NACHNAHMEN ... DER SCHRIFTSTELLER, MANN! UND BEEIL DICH!"

Klaus Roger zeigte demonstrativ auf seine Armbanduhr.

„DENK NACH. UND BEEIL DICH! HAST DU ÜBERHAUPT SCHON MAL EIN BUCH GELESEN? WAS? KEIN WUNDER, DASS DEUTSCHE SCHÜLER IM INTERNATIONALEN VERGLEICH HINTEN LIEGEN! ICH PFEIF AUF DEIN INTERNET!"

„Stopp!" Klaus Roger hielt ihm die Armbanduhr dicht vor die Nase. „Ich hatte es Ihnen gleich gesagt: Die deutsche Jugend steht hinten – aber ganz hinten!"

Heinz Morsbach war zum Heulen. Nie hatte er sich dermaßen im Stich gelassen gefühlt. Und, soviel war ihm jetzt schon klar, Kevin würde enterbt werden. Mit Heinz Morsbach ging man nicht so um. Noch nicht!

„Na, noch einen Joker?"

Heinz Morsbach begann fieberhaft zu überlegen.

Sollte er passen und die nächsten Fragen abwarten? Vielleicht würde es ja einfacher.

Vielleicht aber auch nicht.

„Ich würde dann noch den Fifty-fifty-Joker nehmen."

Klaus Roger schüttelte den Kopf. „Haben Sie denn irgendeine Ahnung, vielleicht so eine pitzi-pitzi Vorahnung? Können Sie denn selbst irgendeine Antwort ausschließen?"

Heinz Morsbach spürte seine Pumpe, die wie ein Amboss gegen die Lungenflügel hämmerte.

„Äh …"

„Dann kann ich Ihnen diesen Joker nicht unbedingt empfehlen. Jaja. Da, also an Ihrer Stelle, würde ich vielleicht doch mal das Publikum befragen. Was aber nur ein Tipp ist – Sie müssen nicht."

Heinz Morsbach schielte nach links, dann nach rechts. In den Gesichtern seiner Sitznachbarn zeichnete sich keinerlei Regung ab, die irgendeinen Aufschluss gab. Mein Gott, was tun?

Aber ihm blieb nichts anderes übrig. „Ich … äh … stelle die Publikumsfrage."

Klaus Roger klopfte auf den Tisch. „Na also! Endlich eine Entscheidung!"

Er blickte in den Raum. „Also: Sie kennen die Frage. Ihre Handzeichen bitte!"

Das Ergebnis war absolut hoffnungslos. Nicht eine einzige Hand erhob sich.

„Aha! Alles kleine Kulturbanausen hier, was?"

Betretene schamrote Gesichter.

„JA, HAT DENN KEINER HIER MAL SO EIN BUCH VON EINEM NOBELPREISTRÄGER GELESEN?"

Allgemeines Kopfschütteln.

Eine Träne rann aus Klaus Rogers linkem Auge. „Das … gibt es … doch nicht … (schluchz!)"

„Einer von denen hat, glaube ich, mit der Dietrich

mal … mein ich jedenfalls … ‚Blauer Engel' oder so …"
Die Stimme gehörte einem über 70-Jährigen aus der dritten Reihe, der seinen Führerschein vor einem Jahr wegen mittelschweren Alkoholgenusses vor der Autofahrt verloren hatte.

„Ah nee", verbesserte er sich gleich. „Das war gar nicht, also, das war von so einem Professor … Unrat, oder so."

Eine weitere Träne rann über Klaus Rogers Gesicht.
„Banausen!"

„Ja, dann nehme ich doch den Fifty-fifty-Joker. Basta!"

Klaus Roger schaute fast beleidigt.

„Sie wollen zocken?"

Heinz Morsbach zuckte mit den Schultern. „Bleibt mir was übrig? Also: JOKER HER!"

„Wie Sie wollen."

Klaus Roger nahm Heinrich und Klaus Mann weg.

„War's jetzt der Thomas, oder war's der Golo?"

Golo? Klang das nicht eher wie ein Frauenname? Würde sich so nicht eher ein Transvestit nennen? Doch sicher kein Nobelpreisträger! Andererseits, bei Schriftstellern – und Golo war ja anscheinend auch einer – war man ja nie sicher. Manche nehmen ja so was Komisches als Künstlername. Prägt sich beim Publikum besser ein. Uiuiuih!

„Ich äh …"

Klaus Roger nahm eine theatralische Pose ein. „THOMAS ODER GOLO – DAS IST HIER DIE FRAGE.“

Oh Gott, warum hat er mich denn das jetzt gerade nicht gefragt. Das kenn ich. Hamlet. Mein Gott. Haben wir in der Schule damals gelesen. Bloß, warum nicht den Zauberberg?

„Sie haben noch zehn Sekunden, Herr Morsbach. Dann ist es aus für Sie.“

Was denn nur? Also, noch mal: Zauberberg klingt nach Magie. Magie ist verrückt. Also der Name auch.

„Golo.“

„Sie sagen Golo, und Sie bleiben dabei?“

„Ja.“

Klaus Rogers Gesicht verdunkelte sich. „Pech für Sie, Herr Morsbach. DENN ES WAR THOMAS.“

„UND PECH FÜR DICH FRITZ!“ Die Tür des Prüfungsraums war aufgegangen und zwei große, offensichtlich kräftig gebaute Männer in weißer Kleidung kamen zügig auf Klaus Roger zu.

„KOMMSTE FREIWILLIG MIT, FRITZ, ODER MÜSSEN WIR DIR WIEDER DEIN ENGES JÄCKCHEN ANZIEHEN?“

Klaus Roger, alias Fritz, versuchte einen beherzten Sprung in Richtung Fenster, doch die beiden Männer waren schneller.

„NA NA, FRITZ. WER WIRD DENN ABHAUEN WOLLEN. WO DICH DOCH ALL DEINE FREUNDE SCHON SO VERMISSEN.“

Dann führten sie Klaus Roger ab.

„Sorry, meine Damen und Herren. Er büchst uns immer wieder aus. Lässt sich nicht verhindern. Aber, das dürfen wir versichern, er ist ganz ein harmloser, unser Fritz."

Klaus Roger wehrte sich nicht. Plötzlich mit vollkommen veränderter Stimme, fast kindlich: „Darf ich, wenn ich mein Tellerchen heut Abend leer mache, auch Günni Jauch gucken?"

„Aber ja, Fritz. Aber ja. Und wir haben dir alle Sendungen, die du verpasst hast, auf Video aufgenommen. Weil wir dich lieb haben ... jaja ..."

Sie nahmen ihn mit.

Wenige Minuten später erschien der echte Klaus Roger. „Ich erzähle Ihnen alles später."

Er teilte Fragebögen aus.

„Ich hoffe, Sie haben sich mit den Vorfahrtsregeln auseinandergesetzt ... hahaha ..."

Und Heinz Morsbach atmete zusammen mit fünf anderen Kandidaten hörbar auf.

Trotzdem – über Kevins Erbe würde er noch einmal nachdenken müssen.